el

ESPÍRITU
SANTO

BILL JOHNSON

el

ESPÍRITU SANTO

*Quién es
y por qué no podemos vivir sin Él*

WHITAKER
HOUSE
Español

A menos que se indique lo contrario, las citas de la Escritura son tomadas de la Santa Biblia versión Reina-Valera 1960® © Sociedades Bíblicas en América Latina, 1960. Renovado © Sociedades Bíblicas Unidas, 1988. Utilizado con permiso. Reina-Valera 1960® es una marca registrada de Sociedades Bíblicas Unidas, y se puede usar solamente bajo licencia. Las citas de la Escritura marcadas (NVI) son tomadas de la Santa Biblia, Nueva Versión Internacional® NVI® © 1999, 2015, 2022 por Biblica, Inc.® Usado con permiso de Biblica, Inc.® Reservados todos los derechos en todo el mundo. Las citas de la Escritura marcadas (NTV) son tomadas de la *Santa Biblia Nueva Traducción Viviente*, © Tyndale House Foundation, 2010. Usadas con permiso de Todos los derechos reservados. Las citas de la Escritura marcadas (LBLA) son tomadas de La Biblia de las Américas © Copyright 1986, 1995, 1997 by The Lockman Foundation. Usadas con permiso. Las citas de la Escritura marcadas (DHH) son tomadas de la Biblia Dios Habla Hoy, 3rd edition *Dios habla hoy*®, Tercera edición © Sociedades Bíblicas Unidas, 1966, 1970, 1979, 1983, 1996. Used by permission.

Las palabras en negrita en las citas bíblicas indican énfasis del autor.

Las formas Señor y Dios (en versalitas) en las citas bíblicas representan el nombre hebreo de Dios, Yahvé (Jehová), mientras que Señor y Dios normalmente representan el nombre Adonai, de acuerdo con la versión de la Biblia utilizada.

El Espíritu Santo
Quién es y por qué no podemos vivir sin Él

Originally published in English under the title
The Holy Spirit: Who He Is and Why We Can't Live Without Him
by Whitaker House. All rights reserved.

Traducción al español por Belmonte Traductores
www.belmontetraductores.com

Edición: Henry Tejada Portales

ISBN: 979-8-88769-304-0
eBook ISBN: 979-8-88769-305-7
Impreso en los Estados Unidos de América
© 2024 by Bill Johnson

Whitaker House
1030 Hunt Valley Circle
New Kensington, PA 15068
www.espanolwh.com

1 2 3 4 5 6 7 8 9 10 11 ⨆ 31 30 29 28 27 26 25 24

Para Carrie Lloyd, mi inspiración, mi amiga

ÍNDICE

PARTE DOS: NUESTRO AYUDADOR

PARTE TRES: UN ESTILO DE VIDA REBOSANTE

RECONOCIMIENTOS

Quiero dar las gracias a Carrie Lloyd, Hosanna Kummer y Michael Van Tinteren por ayudarme a bosquejar lo necesario para este libro. Y, como siempre, un agradecimiento especial para Pam Spinosi por su destreza con la edición.

1

NOTICIAS INIMAGINABLES

En un momento u otro, probablemente hayas imaginado cómo habría sido ser uno de los discípulos de Jesús; especialmente cuando piensas en cómo comenzaron a seguirlo. En el primer siglo no había maneras modernas para que la gente encontrara buenos compañeros. Jesús no tenía una serie de reuniones de reclutamiento a las que asistían muchos de los posibles candidatos, y en las que Él podía escoger a los mejores de entre la multitud para que se unieran a su equipo ministerial. No recogió diez mil solicitudes de empleo para revisar y llamar a los mejores candidatos para hacerles una entrevista y después escoger a los doce mejores. Los hombres que se convirtieron en apóstoles de Jesús no eran lo mejor de lo mejor en ningún sentido del término. La mayoría de ellos eran culturalmente mediocres, así que, en algunos aspectos, eran los más aburridos del grupo de personajes bíblicos.

Pero se *convirtieron* en lo mejor de lo mejor por *Aquel* a quien seguían. Jesús llamó personalmente a cada uno de ellos a seguirlo. Y el que los llamó por nombre les cambió por completo todo lo relacionado con su identidad, propósito y capacidad.

LLAMADOS POR JESÚS

Había algo transformador incluso en la voz de Aquel que llamó a estos discípulos a sí mismo. Este es un relato del libro de Mateo sobre el llamado de varios de ellos:

> *Andando Jesús junto al mar de Galilea, vio a dos hermanos, Simón, llamado Pedro, y Andrés su hermano, que echaban la red en el mar; porque eran pescadores. Y les dijo: Venid en pos de mí, y os haré pescadores de hombres. Ellos entonces, dejando al instante las redes, le siguieron. Pasando de allí, vio a otros dos hermanos, Jacobo hijo de Zebedeo, y Juan su hermano, en la barca con Zebedeo su padre, que remendaban sus redes; y los llamó. Y ellos, dejando al instante la barca y a su padre, le siguieron.* (Mateo 4:18-22)

¿Qué hizo que cuatro hombres dejaran la ocupación que habían heredado de sus padres para emprender un viaje incierto con un relativo desconocido? Seguir siempre exige dejar algo atrás. Estos hombres dejaron sus redes, sus padres y sus barcas. No puedo imaginar que su decisión les pareciera bien a sus familiares, ya que la ocupación de la pesca exigía una plena dedicación de todos los tripulantes. No hay duda de que este negocio pesquero era su herencia; sin embargo, lo dejaron todo y siguieron a Jesús, con acciones que gritaban *sí* a su nueva misión en la vida.

También es importante notar que Jesús no prometió el éxito para que lo siguieran. No había garantías de logro personal o realización de sueños. Ni siquiera mencionó el asunto del cielo versus el infierno que había en juego. Cuando los invitó a seguirlo, lo que había en sus corazones, lo que previamente todos los demás no habían reconocido, salió a la superficie en ese divino momento: era su compromiso completo con Dios.

Los discípulos siguieron a Jesús, no cabe duda. Pero ¿a dónde? A donde Él fuera. De todos los viajes emprendidos, este, más que ningún otro, no se trataba del destino. Se trataba enteramente del viaje en sí. *Estaban con Jesús.*

Los discípulos reconocían que Jesús cambiaba la atmósfera dondequiera que estaba presente, sin excepciones. Ya sea que estuviera a solas con los Doce, pasando tiempo con algún discípulo uno a uno, o de pie ante las multitudes, Él llevaba la presencia tangible del cielo a la tierra. Vivía la manifestación del tipo de oración que Él les enseñó a orar: *Como en el cielo, así también en la tierra* (Mateo 6:10). Y la presencia de Dios, el Espíritu Santo, era liberada dondequiera que hablaba. El principio de Juan 6:63 estaba en acción: *El espíritu es el que da vida; la carne para nada aprovecha; las palabras que yo os he hablado son espíritu y son vida.* Los discípulos veían a Jesús modelar lo que les decía tan claramente: "Yo solo digo lo que oigo decir a mi Padre; yo solo hago lo que veo hacer a mi Padre" (ver, por ejemplo, Juan 5:19). Ya sea que entendieran este concepto o no, lo sentían. Y los marcaba. Las palabras de Jesús se convirtieron en "espíritu" y "vida". Sus palabras liberaban su presencia, y esa presencia era una fuerza que daba vida y lo cambiaba todo.

UN ASIENTO EN LA PRIMERA FILA

Imagina estar en medio de una multitud donde todo el mundo empuja y se esfuerza por acercarse a Jesús, y a la vez tú tienes el privilegio de estar a un metro de distancia de Él casi en cada momento del día o de la noche porque Él te *escogió*. La sensación de los discípulos de ser importantes no podía ser más alta que en ese momento. Pero no creo que ellos pensaran que de algún modo se habían ganado o merecido esa oportunidad. Estaba muy por encima de lo que cualquier persona que hubiera vivido podría haber llegado a experimentar. Eso incluía a sus héroes como Moisés, David e Isaías. Había pocas probabilidades de autoengrandecimiento porque vivían con la consciencia de la gracia que les había sido dada.

Y después imagina ver milagros que nunca antes alguien había podido ver. ¡Nadie! Los discípulos tenían un asiento en la primera fila de los milagros, de la invasión del cielo a la tierra, la cual opera fuera de la lógica y la razón humanas. Ese asiento en primera fila les dio la oportunidad de observar tanto el efecto de esos milagros en las personas que los recibían, como el destino de líneas familiares enteras, alterado con un solo toque o una sola palabra de Jesús. Debió haber sido extraordinariamente maravilloso, desconcertante y, por encima de todo, *seductor*. Y, por si eso fuera poco, el Maestro después los equipó para hacer lo mismo. Sí, para hacer los mismos milagros asombrosos y liberaciones que le vieron hacer a Él. Debían estar abrumados por el hecho de que su historia personal en el ministerio ya había involucrado ver la mano de Dios manifestarse de maneras milagrosas. Sin embargo, la aceleración que ahora experimentaban, que incluía su propia participación (sin estar calificados) para hacer milagros, debió haber estirado su imaginación hasta casi el punto de quiebre.

LO QUE NO SABÍAN QUE SABÍAN

Las actividades de la vida normal de los apóstoles como pescar, tratar con los oficiales públicos y seguir una rutina religiosa habían perdido su brillo. Algo había sido despertado en ellos que nunca se satisfaría con nada que no fuera el estilo de vida de Jesús. El Espíritu de Dios descansando sobre el Hijo del Hombre había transformado todo para siempre. Solo Judas Iscariote, que nunca lidió con el asunto que le había llevado hasta su relación con Jesús (el amor al dinero), fue el único que no pudo ver más allá del beneficio inmediato o el costo de seguir a Jesús.

Jesús era un movimiento en sí mismo. Él albergaba el Espíritu de Dios de una manera que ningún rey, profeta o sacerdote lo había hecho antes que Él. Las multitudes estaban asombradas por sus obras milagrosas, mostradas como la máxima revelación del corazón del Padre por su creación. Y estaban impactados con las palabras de Jesús, confesando que nunca habían oído nada igual: *Porque les enseñaba como quien tiene autoridad* (Mateo 7:29). Resultaba obvio para ellos que todas las demás voces hablaban sin autoridad. Esas voces eran solo ruido. Ideas. Mandatos inútiles. No había poder transformador en ellas. El contraste entre lo que la gente estaba oyendo ahora y lo que habían oído durante toda su vida era impactante.

Los discípulos aprendían por experiencia lo que Jesús les estaba enseñando sobre el enfoque de su vida: agradar al Padre. Todo lo que Él hacía y decía venía del Padre, empoderado por el Espíritu Santo. Ellos reconocían sin ninguna duda que tanto Jesús como su manera de enseñar tenían algo único. Pero ¿se daban cuenta de que esta singularidad era el Espíritu Santo? Ciertamente no hay modo de saberlo, pero no me cabe duda que sí.

> *JESÚS ERA UN MOVIMIENTO EN SÍ MISMO. ÉL ALBERGABA EL ESPÍRITU DE DIOS DE UNA MANERA QUE NINGÚN REY, PROFETA O SACERDOTE LO HABÍA HECHO ANTES QUE ÉL.*

EL IMPACTO DE TODA UNA VIDA

Multiplica por mil mi descripción del viaje de los discípulos con Jesús, y podrías comenzar a tener una idea de lo que ellos vivieron cuando Él les contó las inimaginables noticias de que *los dejaría*.

Cerca del final de sus tres años y medio con los Doce, Jesús les dio una revelación que para los discípulos era casi tan imposible de entender como los milagros que Él hacía. Oír que les iba a dejar debió haber sido de impacto. Pero el verdadero cambio llegó cuando dijo que se iba *por el bien de ellos*. Le hubiera resultado fácil decirles que para Él era importante irse porque iba a expiar sus pecados para que pudieran nacer de nuevo, y que eso era lo que les convenía. Podía haber dicho que iba a resucitar de los muertos e interceder por ellos ante el Padre, y que eso sería beneficioso para ellos. Ambas cosas habrían sido ciertas. Pero esta vez su enfoque estaba en el regalo que estaba tan lejos del resto de la vida misma, que ninguna otra cosa merecía una atención inmediata. Les dijo que cuando se fuera les enviaría "el Consolador", el Espíritu Santo:

Pero yo os digo la verdad: Os conviene que yo me vaya; porque si no me fuera, el Consolador no vendría a vosotros; mas si me fuere, os lo enviaré.

(Juan 16:7)

¿Les "conviene"? Eso resultaría difícil de creer si fuéramos uno de los discípulos, al estar en ese momento conviviendo de cerca con la Persona más increíble, Dios mismo en carne, caminando por la tierra. Caminando no por cualquier lugar, sino en la parte concreta del mundo donde ellos vivían. Desde que Adán y Eva caminaban con Dios en el Edén en el frescor de la tarde nadie más había recibido la oportunidad de tener una relación práctica con Dios y en persona, pero a la vez profundamente impactante (ver Génesis 3:8). ¿Cómo era posible que el envío de Jesús del Espíritu Santo, el Consolador, el Ayudador, les conviniera más que esta experiencia parecida al Edén?

Y, sin embargo, así era. Y si todavía nos parece que sería mejor tener a Jesús sobre la tierra en carne, entonces no estamos entendiendo el punto principal de lo que Él ha puesto a nuestra disposición: Aquel sin el que no podemos vivir si queremos vivir la vida que Jesús nos llama a vivir. Tener la presencia del Espíritu morando y habitando en nosotros es mejor que tener a Jesús con nosotros en carne, a nuestro lado.

Tras la muerte y resurrección de Jesús, los once discípulos restantes finalmente lo entendieron. Entendieron la realidad de la presencia y el poder del Espíritu en sus vidas. Como resultado, todos estuvieron dispuestos a sufrir grandes pruebas, tribulación, e incluso la muerte debido a su valor. Fueron marcados para siempre para su propia conveniencia.

NOS CONVIENE

Uno de los significados de la palabra griega traducida como "conviene" en Juan 16:7 es "ser rentable".[1] Una renta es básicamente un aumento de la inversión. Jesús prometió a los apóstoles que en breve recibirían un aumento por su inversión de tiempo con Él. Sería un aumento de todo lo que habían

---

1. *Concordancia Strong Exhaustiva de la Biblia*, G4851, Blue Letter Bible Lexicon, https://www.blueletterbible.org/lexicon/g4851/kjv/tr/0-1/.

visto, oído y experimentado en los últimos tres años y medio. Nunca había habido una ganancia tan grande.

Me avergüenza un poco decirlo, pero varias veces en los últimos meses (la época más desafiante de mi vida), me sorprendí a mí mismo diciendo o pensando: "Dios, no sé qué estoy haciendo. Me gustaría que estuvieras aquí, sentado en esa silla enfrente de mí, para que me dijeras qué debo pensar y hacer". Este clamor por Él era a la vez notable y legítimo. Era tan sincero como puedas imaginar. Mi consciencia de mi necesidad personal también era legítima, pero de modo extraño, ese clamor de mi corazón era muy parecido a los clamores de los israelitas en el desierto, anhelando regresar a Egipto. Era un paso en la dirección equivocada. Por muy glorioso que pudiera ser tener a Jesús sentado al otro lado de mi mesa, la realidad es que Él lo *está*. La Presencia que habita está sentada en todas las mesas en las que yo estoy. Mi consciencia de Él, mi atención consciente a todo lo que Él ha dicho y dice, es lo que me posiciona para ofrecer mi respiración, mi vida, para propósitos eternos. Solo ofreciéndome en ese contexto seré capaz de dejar una marca en el curso de la historia que verdaderamente dé la gloria a Jesús.

"OTRO, PERO EXACTAMENTE IGUAL"

En la última semana de la vida de Jesús en la tierra, Él hizo muchos comentarios concluyentes para sus discípulos. Les explicó acerca del Espíritu, el Consolador, el Abogado Defensor, el Ayudador, el que se pone a su lado para ayudarlos, que vendría para estar con ellos:

> *Y yo rogaré al Padre, y os dará otro Consolador, para que esté con vosotros para siempre: el Espíritu de verdad, al cual el mundo no puede recibir, porque no le ve, ni le conoce;* **pero vosotros le conocéis,** *porque mora con vosotros, y estará en vosotros.* (Juan 14:16-17)

La palabra griega traducida como "*otro*" en este versículo indica "otro, pero exactamente igual". Dick Mills, en uno de sus brillantes estudios de palabras en *Spirit Filled Life Bible* [Biblia de la vida llena del Espíritu], describe el significado del término de este modo: "Alguien a mi lado y además de mí pero igual a mí. Él hará en mi ausencia lo que yo haría si estuviera físicamente presente contigo".[2] El Espíritu Santo asegura esa misma calidad de ministerio, sin pérdida de ningún tipo.

Jesús estaba dejando saber a sus discípulos que este Ayudador, el Espíritu Santo, que había descansado sobre Él durante sus tres años y medio de ministerio, era exactamente igual a Él, sin variación alguna. Todo lo que los discípulos tenían con Jesús, y todo lo que amaban de Él, lo tendrían y lo amarían de la misma manera con el Espíritu Santo. Él añadió que *ya le conocían*. Como conocían a Jesús, y el Espíritu de Dios era exactamente igual que Él, ellos también conocían al Espíritu de Dios.

Jesús les dijo: *Mora con vosotros, y estará en vosotros*. En la "fase dos" de su vida con Jesús (después de su regreso al cielo), el Espíritu Santo (la atmósfera del cielo en la que habían vivido por estar con Jesús, quien es el lugar de descanso definitivo del Espíritu) moraría en ellos. Él no solo estaría *con* ellos. Ahora Él sería la presencia de Dios que moraría en ellos.

Sí, los discípulos habían disfrutado lo que ningún otro ser humano había disfrutado desde Adán y Eva en el Edén: Dios a su lado. Pero ahora iba a ser Dios *dentro* de ellos. Punto.

> **TODO LO QUE LOS DISCÍPULOS TENÍAN CON JESÚS, Y TODO LO QUE AMABAN DE ÉL, LO TENDRÍAN Y LO AMARÍAN DE LA MISMA MANERA CON EL ESPÍRITU SANTO.**

EL ESPÍRITU DENTRO DE NOSOTROS

NUESTRA HERENCIA

¿Qué significa tener a Dios dentro de nosotros? Estoy seguro de que probablemente eres como yo en cuanto a que estás agradecido solo por

---

2. Dick Mills, "Word Wealth for John 14:16," en *NKJV Spirit-Filled Life Bible*, 3ra ed., exec. ed. Jack W. Hayford (Nashville, TN: Thomas Nelson, 1991), 1603.

haber nacido de nuevo. Cuando oigo a personas decir que no están buscando ninguna recompensa de Dios, lo entiendo. En especial al comprender que todo lo correcto que hacemos, lo que agrada a Dios, vino de Él en primer lugar. Incluso nuestra fe, sin la cual no podemos agradar a Dios (ver Hebreos 11:6), vino de Él. Obviamente, tenemos un papel que desempeñar al responder y vivir para Dios, pero ese papel Él lo hace posible. No solo eso, sino que Él nos empodera para todo. Solo pensar en nacer de nuevo, ser adoptado en la familia de Dios, es un regalo que no podemos comprender. Sin embargo, como solo Él puede hacer, Jesús aumenta los límites de nuestra comprensión al añadir que somos herederos de Dios. Heredamos a Dios. ¡Sorprendente! Dios, el todogeneroso y Amoroso, se ha entregado a nosotros. Eso es lo que significa tener a Dios dentro. *Y si hijos, también herederos; **herederos de Dios y coherederos con Cristo,** si es que padecemos juntamente con él, para que juntamente con él seamos glorificados* (Romanos 8:17). Al darnos este indescriptible regalo, el Espíritu Santo, descrito como las "arras" (Efesios 1:14) o "garantía" (NTV) de esta herencia, ¡Dios dice que hay más por llegar! No solo nos ofrece perdón, misericordia, gracia, bendiciones, promesas y dones espirituales en abundancia. Él nos da *a sí mismo*.

Y esta es otra asombrosa verdad: ¡Dios *nos* hereda! *Alumbrando los ojos de vuestro entendimiento, para que sepáis cuál es la esperanza a que él os ha llamado, y cuáles las riquezas de la gloria **de su herencia en los santos*** (Efesios 1:18). El primer capítulo de Efesios es probablemente el más abrumador de toda la Biblia para mí. Y esta idea de que Dios nos hereda es una de las principales en la pila de pensamientos revelados aquí que está más allá de nuestra capacidad de comprenderlo del todo.

No somos tan solo una parte simbólica de la creación de Dios. No somos su pasatiempo o uno de sus intereses secundarios. La humanidad no es algo a lo que se dedica los fines de semana. *Somos lo más importante.* Somos el toque supremo de su creación, que se torció, pero en lo que invirtió todo para redimirla. Él está "totalmente comprometido", hasta el punto de que Él es lo que heredamos, y nosotros somos su herencia.

EL SELLO

El Espíritu de Dios es también el sello sobre nosotros que nos designa como adoptados por Dios. Un *sello* es una marca de propiedad sobre algo que asegura su contenido. Una vez oí una hermosa historia sobre un empresario de hace mucho tiempo atrás que salió a comprar grano. Llevaba una vara con un sello pegado a uno de sus extremos, y estampaba con él todas y cada una de las bolsas de grano que quería comprar. Después pagó todo y se fue a su casa para decirles a sus trabajadores cuántos sacos tenían que recoger y llevar a la casa. Los trabajadores sabían cuáles eran los sacos de grano que le pertenecían a su jefe porque eran los sacos que tenían puesta la marca del sello de su jefe. Habrá un tiempo en el que Jesús regrese para llevar a casa a los suyos. Será evidente por el sello de su presencia sobre las vidas de los creyentes que le pertenecen.

> *En él también vosotros, habiendo oído la palabra de verdad, el evangelio de vuestra salvación, y habiendo creído en él, fuisteis sellados con el Espíritu Santo de la promesa, que es las arras de nuestra herencia hasta la redención de la posesión adquirida, para alabanza de su gloria.* (Efesios 1:13-14)

Vemos que este sello del Espíritu Santo es la marca de propiedad de Dios y, de nuevo, la promesa o garantía de nuestra herencia:

> *Y el que nos confirma con vosotros en Cristo, y el que nos ungió, es Dios, el cual también nos ha sellado, y nos ha dado las arras del Espíritu en nuestros corazones.* (2 Corintios 1:21-22)

> *Porque todos los que son guiados por el Espíritu de Dios, estos son hijos de Dios. Pues no habéis recibido el espíritu de esclavitud para estar otra vez en temor, sino que habéis recibido el espíritu de adopción, por el cual clamamos: ¡Abba, Padre! El Espíritu mismo da testimonio a nuestro espíritu, de que somos hijos de Dios. Y si hijos, también herederos; herederos de Dios y coherederos con Cristo, si es que padecemos juntamente con él, para que juntamente con él seamos glorificados.* (Romanos 8:14-17)

Vivir bajo la influencia del Espíritu Santo, que significa ser guiados por Él, es una señal de confirmación de que somos hijos de Dios. La parte de la adopción de esta historia me resulta muy asombrosa. En un sentido muy real, la presencia del Espíritu que mora en el creyente es la prueba de que la adopción se ha completado del todo. El Espíritu Santo es el documento legal que declara que le pertenecemos. El énfasis del concepto de adopción es que fue la decisión de Dios: Dios nos *escogió*.

Jesús, que vivió entre nosotros en la tierra, empoderado en todos los sentidos por el Espíritu Santo, ahora está en el cielo en su glorioso cuerpo resucitado, sentado a la diestra del Padre (ver, por ejemplo, Efesios 1:20). El Espíritu Santo, que primero fue derramado sobre los creyentes en Pentecostés, permanece en la tierra habitando en los hijos de Dios y actuando entre nosotros. Él es Dios en la tierra, inmediatamente disponible para todo el que cree. Esta realidad de la partida de Jesús de la tierra y la llegada del Espíritu a nosotros como "otro Consolador" (Juan 14:16) nos conviene totalmente, así como fue para los apóstoles. ¿Estás viviendo en la plenitud de esta gran ventaja? ¿Quieres aprender más sobre cómo puedes vivir en ella cada día? Te doy la bienvenida a esta aventura de tener una relación continua y cercana con el querido Espíritu Santo, en la que eres lleno para que reboses de la presencia y el poder de Dios. Te invito a descubrir *El Espíritu Santo: Quién es y por qué no podemos vivir sin Él*.

PARTE UNO:

CONOCER AL INCOGNOSCIBLE

2

LA PERSONA DE MISTERIO

En muchos aspectos, el Espíritu Santo nos resulta un misterio. Entendemos más sobre Jesús, quien tuvo vida pública en la tierra por tres años y medio, que sobre el Espíritu Santo, que ha estado con la Iglesia en la tierra por casi dos mil años. Este misterio parece incluso más irónico cuando entendemos que la mayoría de lo que sabemos sobre la segunda persona de la Trinidad ocurrió en el corto periodo de tres años y medio de ministerio público de Jesús, comparado con lo que sabemos sobre la tercera persona de la Trinidad desde nuestra historia de dos mil años con el Espíritu Santo.

A nivel superficial, nos es mucho más fácil saber más sobre Jesús que lo que sabemos sobre el Espíritu Santo porque es más sencillo relacionarse con alguien de carne y hueso, humano como lo somos nosotros. La mayoría de nosotros todavía no reconocemos que, esencialmente, somos seres espirituales que tenemos alma y cuerpo. Debido a eso, por lo general pensamos y vivimos en base al mundo natural enfocados en posibles experiencias y realidades espirituales, en lugar de hacerlo con base en el mundo espiritual. En las Escrituras se nos da una descripción clara de Jesús, quien reveló al Padre. Ya sea leyendo sobre las conversaciones de Jesús, los milagros que hizo o sus profundas enseñanzas, es más fácil encontrar una conexión práctica con Jesús que relacionarse con el Espíritu de Dios, a quien no podemos ver ni tampoco imaginar adecuadamente, incluso con varias descripciones de sus manifestaciones que nos da la Biblia.

Cuando Dios dirigió a los israelitas por el desierto, su rostro estaba en la nube que viajaba con ellos (ver Éxodo 13:21). En los lenguajes originales tanto del Antiguo como del Nuevo Testamento, "presencia" es literalmente "rostro". Encaja con el mandato del Señor para nosotros de "buscar su rostro", a lo que el salmista respondió: *Tu rostro buscaré, oh Jehová* (Salmos 27:8). El rostro de Dios es nuestra principal búsqueda.

Sin embargo, Dios no dejaba que los israelitas vieran ninguna forma de Él porque sabía que ellos eran idólatras y crearían una imagen de lo que vieran. Se nos presenta un reto similar en cuanto a "ver" a Dios en la actualidad. El Espíritu Santo sigue siendo el rostro de Dios en la tierra, pero no tiene una forma que podamos ver.

No tenemos ídolos en nuestra cultura como los tenía la gente en tiempos del Antiguo y el Nuevo Testamento (aunque, en Colosenses 3:5, el apóstol Pablo llama idolatría a la avaricia, lo cual ciertamente es aplicable en nuestros días). Sin embargo, sí creamos *fórmulas* e ideologías que intentan reemplazar nuestra necesidad de dependencia continua de la presencia y la voz del Espíritu Santo. Queremos lo que es tangible o concreto y, como resultado, tendemos a inclinarnos hacia principios para el éxito por encima de la relación con Dios cuando buscamos una transformación personal. En ocasiones nuestra falta de claridad revela qué se nos puede confiar.

CONOCER LO QUE NO SE PUEDE COMPRENDER

Aunque el Espíritu Santo es imposible de medir o cuantificar, eso no significa que no podamos tener un encuentro con Él. Muchas personas imaginan al Espíritu Santo como una mera fuerza, una energía o una "niebla cósmica". Pero Él es una persona divina. Como tal, te entiende mucho mejor que cualquier humano, y se puede comunicar contigo de un modo que es imposible para ninguna otra persona. De hecho, al tener una personalidad, el Espíritu Santo es relacional por naturaleza. Además, Él posee todo lo necesario para entrar en una relación plena y de aventura con cada persona de la tierra: al mismo tiempo. El Espíritu Santo siempre se alegra de tener una conexión sentida con aquellos que hemos sido creados a imagen de Dios.

La naturaleza relacional del Espíritu Santo que siempre está presente, y su corazón de amor hacia nosotros, nos muestran que *debemos conocerlo*, y de forma personal. La revelación de esta naturaleza es, en sí misma, una invitación a conocerlo. Entender y aceptar esta invitación es esencial para todos porque, al conocerlo, se despliega nuestro propósito de ser.

EL ESPÍRITU SANTO SIEMPRE SE ALEGRA DE TENER UNA CONEXIÓN SENTIDA CON AQUELLOS QUE HEMOS SIDO CREADOS A IMAGEN DE DIOS.

Dios hizo todo en la creación perfecto en belleza y diseño. Cada parte de ella es una expresión de algún aspecto de su naturaleza. En Génesis 1 leemos que, al final de cada día de la creación, Dios anunció que el resultado de su obra era "bueno". Pero de todo lo que creó, tanto visible como invisible, solo las personas fueron creadas a su imagen. Y los seres humanos son la única parte de su creación que Él declaró como "muy bueno" (ver Génesis 1:10, 12, 18, 21, 25, 31, varias traducciones). Ninguna otra parte de su creación recibió tal elogio, promesa y propósito. Fuimos diseñados para Él. Cualquier otra razón para existir es inferior a esa. Dios siempre tuvo en mente tanto la relación como la colaboración con nosotros. Y entramos en esa relación y colaboración mediante su Espíritu.

Al considerar la relación que tenemos con nuestro Creador, tengamos en mente este concepto bíblico tan importante: *podemos conocer por experiencia aquello que está fuera de toda comprensión mental*. Quienes desarrollan una relación con Dios tan solo mediante su entendimiento natural terminan con un dios creado a su propia imagen. Se supone que debe ser al revés: nosotros fuimos creados a imagen de Dios; y, en Cristo, estamos siendo transformados *de gloria en gloria* (2 Corintios 3:18) al ser expuestos a la presencia manifiesta de Dios y al rendirnos a su gloria, poder y voluntad. Nuestro pensamiento cambia a medida que le entendemos y descubrimos mejor.

Nuestra relación con Dios tiene que originarse, desarrollarse y crecer mediante nuestro espíritu, o nuestro corazón. El corazón es el lugar del que fluye nuestra fe. La Palabra dice: *Porque con el corazón se cree para justicia* (Romanos 10:10). No es con la mente. La mente ha de ser entrenada para percibir correctamente mediante un corazón rendido. Como el corazón es el lugar de fe, es correcto que la relación con el Espíritu Santo provenga del corazón. La fe crece a medida que nos rendimos, no que nos esforzamos. Así se nutre una relación con Dios: rindiéndonos; entregándonos.

Solo al rendirnos podemos embarcarnos y progresar en este viaje de conocer a Aquel que está más allá de todo conocimiento desde el punto de vista de lo natural. Tener la mente de Cristo está incluido en la herencia del creyente (ver 1 Corintios 2:16). Y bajo la influencia del Espíritu Santo, nuestra mente es la compañera perfecta y colaboradora con Dios. Sin embargo, cuando nuestra mente no está bajo la influencia del Espíritu, se opone a Dios. No hay terreno neutral.

Como fuimos creados a imagen de Dios, todo acerca de nosotros (espíritu, alma y cuerpo) es perfectamente apto para una relación con Él. Incluso nuestro cuerpo físico, con sus sentidos, fue creado así con la intención de ayudarnos a experimentarlo y conocerlo a Él. Se nos dio este diseño para que pudiéramos sentir y disfrutar la presencia de Dios. Nuestros sentidos se pueden entrenar para reconocer lo que es de Dios, en contraste con lo que no es de Dios y, por lo tanto, es erróneo o inferior en cuanto a valor (ver Hebreos 5:14).

Cuando el pecado entró en la raza humana mediante nuestra desobediencia a Dios, nuestro propósito de embarcarnos en la aventura eterna de conocerlo sufrió una emboscada y fue destruido. Si no fuera por la gracia de Dios, evidenciada en la muerte y resurrección de Cristo, este propósito se hubiera perdido para siempre. Todo lo demoniaco (lo que viene de Satanás, el enemigo de Dios) obviamente está en guerra con Dios. Pero es importante reconocer que, siempre que nos conformamos con lo inferior, que tiene que ver con aceptar los valores y las decisiones que carecen de valor eterno, la manera de razonar y de vivir también entra en guerra con Dios. Nuestra relación con el Espíritu Santo es lo que nos aclara los propósitos de Dios y nos capacita para vivir en el centro de la mente de Cristo.

Crecer en nuestro entendimiento de Dios tiene incluso más importancia cuando entendemos que *el conocimiento es para llevarnos al encuentro.* Cualquier conocimiento acerca de Dios que recibamos debería conducirnos a una relación más profunda con Él. El secreto del verdadero conocimiento es, por lo tanto, el conocimiento del corazón.

> *EL CONOCIMIENTO ES PARA LLEVARNOS AL ENCUENTRO. CUALQUIER CONOCIMIENTO ACERCA DE DIOS QUE RECIBAMOS DEBERÍA CONDUCIRNOS A UNA RELACIÓN MÁS PROFUNDA CON ÉL.*

Tuve una imagen poco habitual (al menos para mí) que vino a mi mente durante un tiempo privado de adoración un par de horas antes de que comenzara uno de nuestros servicios dominicales en la iglesia. Estaba a solas en mi oficina, arrodillado delante del Señor y orando por la reunión de esa mañana. Mientras estaba de rodillas, levanté mis manos al Señor, con mi rostro alzado hacia el cielo, y declaré su bondad y su grandeza. Entonces experimenté lo que llamo una visión interior. Tenía los ojos cerrados, pero la imagen era muy clara. Me vi a mí mismo colocando una corona sobre la cabeza de Jesús, y supe que eso era una ilustración visible de los efectos de mi alabanza a Él. Fue un momento glorioso. La corona era de oro macizo y tenía un acabado brillante como el de un espejo. Aún puedo verla siempre que recuerdo esa experiencia.

Sin embargo, en la visión, cuando quité mis manos de la corona de oro vi que mis dedos habían ensuciado su belleza. Estaba muy triste por haber dejado una mancha en la corona de gloria que Dios merecía. En verdad me sentí avergonzado y disgustado por mi humanidad, ya que era la causa aparente de la mancha que había estropeado mi sacrificio de alabanza. Pero cuando volví a mirar, cada una de las huellas se convirtió en una gema preciosa. Lo que yo había menospreciado era un tesoro para Dios. Esa experiencia cambió mi vida porque yo había menospreciado mi humanidad, que estaba ensuciada por el pecado. En ese momento me di cuenta de que, según su perspectiva, yo estaba limpio. La sangre de Jesús realmente me había limpiado de pecado. La sangre de Jesús no hace un trabajo a medias o solo lo justo para que lleguemos al cielo. Su sangre nos restaura por completo ante Él como si nunca antes hubiéramos pecado. El Espíritu de Dios en nosotros manifiesta la naturaleza de Jesús en nosotros y a través de nosotros. Me di cuenta de que a veces lo que yo menosprecio, Dios lo valora. Los cuatro Evangelios muestran esta realidad multiplicada por mil. Esta verdad no se le reveló a mi mente sino a mi espíritu, o mi corazón.

Efesios 3 nos asegura que podemos conocer aquello que está fuera del alcance de nuestro conocimiento. En otras palabras, nuestro corazón puede llevarnos donde nuestra cabeza no puede "encajar". La oración de Pablo por los creyentes en este versículo es bastante desafiante: *Y de conocer el amor de Cristo, que excede a todo conocimiento, para que seáis llenos de toda la plenitud de Dios* (Efesios 3:19). Es interesante que, una vez más, esta petición nos señala hacia una invitación asombrosa. Podemos experimentar lo que sobrepasa el conocimiento, pero no se detiene ahí. La conclusión de esta frase incomprensible es: *Para que seáis llenos de toda la plenitud de Dios.* ¿De veras? ¿Llenos de la plenitud del propio Dios? Él llena las galaxias, sosteniendo cada molécula en su lugar mediante el poder de su palabra (ver Colosenses 1:17; Hebreos 1:3). ¿Y este Dios ha decidido *llenarnos* con su plenitud? La rendición que conduce a este encuentro allana el camino para que experimentemos esa extravagancia.

La versión *Amplified Bible* en inglés extrae la belleza de Efesios 3:19 de una forma única:

> Y [que lleguen a] conocer [de forma práctica, **mediante una experiencia personal**] el amor de Cristo que sobrepasa el [mero] conocimiento [sin la experiencia], para que sean llenos [en todo su ser] **de toda la plenitud de Dios** [para que tengan la experiencia más abundante de la presencia de Dios en sus vidas, **completamente llenos e inundados de Dios mismo**] (traducción libre).

¿Podría haber una promesa más grande que la de ser "completamente llenos e inundados de Dios mismo"? ¡Yo no puedo imaginar qué podría ser! El concepto de ser lleno de Dios se describe por lo general con esta frase: "llenos del Espíritu Santo". El Espíritu es quien nos llena. En un sentido muy real, fuimos diseñados para contener y albergar al Espíritu Santo mismo, un tema del que hablaremos más adelante en otro capítulo.

Como describí anteriormente, la Biblia es clara en cuanto a que el Espíritu Santo es nuestra garantía de vida eterna. En otras palabras, nos ha sido dado generosamente; sin embargo, todavía hay más. No tengo idea de qué es ese "más", pero me parece fascinante ver que esta es la intención de Dios y su plan para nosotros. Y Efesios 3:19 subraya esta verdad.

EL MISTERIO Y LA UNIDAD DE LA DEIDAD

Ayudar a las personas a conocer al Espíritu Santo, que a menudo es un misterio para nosotros, es uno de mis principales propósitos al escribir este libro; sin embargo, es imposible para mí tratar este tema sin examinar también el misterio de la Deidad. Pocos temas en la Escritura suponen un desafío mayor de entender que la Trinidad; pero hay unos cuantos que son igual de hermosos.

Jesús nos enseñó que el Padre se ve y se comprende perfectamente en el Hijo, pero es el Hijo de Dios quien nos presenta el concepto más desafiante y hermoso en la Escritura: Jesucristo es plenamente Dios y a la vez plenamente hombre. R. T. Kendall dice de Jesús que era Dios como si no fuera hombre en absoluto, y hombre como si no fuera Dios en absoluto.[3] Qué misterio, del todo incomprensible, maravilloso y a la vez seductor.

Y entonces introducimos en el cuadro al Espíritu Santo, y esto agrava nuestra dificultad para comprender quién es Dios en gran manera. Mi meta, en lo que respecta a conocer a Dios, es no intentar comprender del todo estos pensamientos, aunque me encanta adquirir entendimiento. En cambio, mi meta es exponer mi corazón a la realidad de quién es Dios y cómo es. Y después, mediante la rendición, dejar que esas realidades moldeen mi actitud, fe y valores, y cambien para siempre mi entendimiento de su naturaleza y sus obras.

Jesús nos dijo una y otra vez a lo largo del Evangelio de Juan que Él vino para revelar al Padre. En Juan 14:9 dijo: *El que me ha visto a mí, ha visto al Padre*. En Hebreos, Jesús está descrito como "la imagen misma de su sustancia [de Dios]" (Hebreos 1:3). Se reduce a esto: Jesús es el ejemplo perfecto de lo que es el Padre; y más importante aún, Él es la manifestación perfecta del Padre. Se le llama "el resplandor de su gloria" (v. 3). Para usar una ilustración humana, Jesús emana del Padre de modo similar a la luz que brilla desde una bombilla. El Padre y el Hijo son distintos, particularmente separados el uno del otro, y a la vez son exactamente iguales.

Los narradores de los Evangelios (Mateo, Marcos, Lucas y Juan) nos dejan ver el lado práctico de la vida terrenal de Jesús. Incluyen perspectivas sobre las actividades diarias, los razonamientos y diálogos del Hijo de Dios eterno que se hizo hombre. Estos cuatro hombres tuvieron el privilegio de narrar en detalle una presentación de los valores, pensamientos, viajes, interacción y relaciones de Jesús, dándonos una imagen detallada del Mesías, aunque una tarea tal resulte imposible. Los Evangelios describen a Aquel que se llamó a sí mismo el Hijo del Hombre. Y, aunque cada página revela a Jesús, finalmente también revela al Padre, porque revelar al Padre era la principal tarea de Jesús.

---

3. R. T. Kendall, "Imitating Christ 4", R. T. Kendall Ministries, https://rtkendallministries.com/imitating-christ-4.

Cuando Jesús introdujo el hecho de que el Espíritu Santo sería enviado, dijo: *Y yo rogaré al Padre, y os dará otro Consolador, para que esté con vosotros para siempre... porque mora con vosotros, y estará en vosotros* (Juan 14:16-17). El Espíritu Santo nos fue enviado como una respuesta a las oraciones de Jesucristo, el Hijo de Dios eterno. Jesús podía haber pedido cualquier cosa y haberla recibido, pero escogió esto: el Espíritu Santo, que había estado con los discípulos, pero ahora vendría a habitar en ellos, haciéndoles su templo. Jesús hizo esta oración porque era lo mejor que podía pedir. Como escribí en el capítulo 1, por esta razón Jesús les dijo a sus discípulos: *Os conviene que yo me vaya* (ver Juan 16:7). El Espíritu Santo *en* ellos era mejor que Jesús *con* ellos.

Muchas personas destacan que el Espíritu Santo no habla "por su propia cuenta" (Juan 16:13). Por alguna razón, esto se ha convertido en una excusa para que algunos hagan una mera mención de cortesía, y aun así solo como un aspecto de la doctrina teológica, mientras ignoran por completo en propósito, práctica y relación en la vida diaria. ¿Qué significa que el Espíritu Santo no hable por su propia cuenta? Significa que nos señala a Jesús en nombre del Padre. Así es como el Espíritu se nos revela. Él se revela mediante lo que hace: *Él es quien honra al Padre y a Jesús. Es quien nos dirige en adoración a ellos.* La práctica de dar honor se ve entre los miembros de la Deidad, pero el papel del Espíritu Santo es único en cuanto a que Él vive en nosotros y ahora ha de ser la principal influencia en cuanto a cómo vivimos *para la gloria de Dios.*

Alguien podría preguntar por qué es importante considerar toda esta discusión sobre la Trinidad al comienzo de un libro dedicado a nuestro entendimiento del Espíritu Santo. Es porque Jesús representa y revela exactamente al Padre, y es el Espíritu Santo quien representa y revela exactamente al Hijo. Así que, cuando vemos revelación de la naturaleza de Dios el Padre o Dios el Hijo, estamos viendo cosas que se descubren finalmente y se entienden mejor a través del Espíritu Santo, que es Dios con nosotros. Aunque los miembros de la Trinidad son distintos, a la vez son tres expresiones únicas de la misma presencia, corazón y naturaleza. Por lo tanto, *la interacción con el Espíritu Santo es el modo en que descubrimos tanto la maravilla como el poder del Padre y del Hijo.*

A lo largo de todo este libro alternaré entre hablar del Espíritu Santo, el Padre y el Hijo, usando a este último para ilustrar las características específicas de la naturaleza del Espíritu Santo.

VALOREMOS EL MISTERIO

Aunque nuestro conocimiento y entendimiento de Dios siempre van en aumento, nunca podremos comprenderlo plenamente. Seguiremos aprendiendo más sobre Él por toda la eternidad. Esta es la inusual realidad en la que vivimos: aunque aumenta nuestro conocimiento de Dios, el misterio de Él aumenta todavía más. Es vital para nosotros vivir en esta tensión para entrar en todo lo que Él se ha propuesto para nosotros en esta vida.

Valorar la calidad del misterio nos ayudará a que el temor del Señor se mantenga intacto en nuestras vidas, mientras hacemos que este viaje relacional con Él sea una aventura continua. Si solo obedezco aquello que entiendo, he reducido a Dios a mi tamaño. Como dijimos antes, me he creado un dios a mi propia imagen. El misterio que rodea a Dios es esencial, aunque solo sea por el motivo de incitarnos a demostrar que confiamos en Él incluso cuando no podemos entender todo acerca de Él. Mientras que entender más acerca de Dios nos produce asombro y celebración, el misterio mayor acerca de Él nos da la oportunidad de confiar en Él en nuestra asociación divina con Él. Los misterios son oportunidades maravillosas de ejercitar las percepciones divinas del corazón.

LA ESENCIA DEL RAZONAMIENTO DEL REINO

Aunque el Espíritu Santo es misterioso por naturaleza porque es Espíritu, debemos entender que, como es Dios, también es la esencia de la practicidad y la razonabilidad. Pero te aviso: su razonamiento es de otro mundo, uno muy superior al nuestro en todos los sentidos. Una comprensión de tal razonamiento la encontramos por lo general donde haya un corazón dispuesto, no solo una mente curiosa. El centurión romano, cuya historia se encuentra en Mateo 8:5-13, ilustra de manera perfecta esta verdad. Él estaba fuera de la casa de Israel y obviamente no tenía formación espiritual, pero su entendimiento de la autoridad espiritual sorprendió incluso al Maestro mismo, a Jesús. Mi punto es este: si un centurión romano puede entenderlo, nosotros también. Es algo a nuestro alcance. Rendirse a Dios, con la disposición de obedecer todo lo que Él dice, es la clave.

El Espíritu anhela introducirnos a esos razonamientos. Los entendemos con la mente de Cristo que hemos heredado. Yo recibo revelación del Espíritu, a menudo con tal profundidad que me resulta difícil comprenderlo del todo, pero estoy dispuesto a vivir con ese misterio (por favor, observa que esa revelación no *reemplaza* la revelación de la Escritura). De hecho, la disposición de confiar en Dios en lo que no entiendo a menudo precede al entendimiento aumentado. Algunas personas dicen: "No necesitamos que Dios nos hable porque tenemos la Biblia". Esta es una de las excusas más populares que la gente usa para evitar aprender a oír la voz de Dios. Pero, en Cristo, se nos ha dado la capacidad espiritual de oír la voz de Dios. Jesús mismo dijo: *Mis ovejas oyen mi voz* (Juan 10:27). La capacidad de oírlo llega con nuestro *sí* a seguirlo. Muchos creyentes evitan su voz porque, por ignorancia, tienen miedo a aquello que no pueden explicar. Estos creyentes se ponen en cuarentena de otras partes del cuerpo de Cristo que tienen algo que ofrecerles para mejorar sus vidas: revelación sobre el Espíritu Santo y su manera de actuar. Todos debemos ser fortalecidos mediante lo que cada miembro del cuerpo de Cristo provee. El propósito es ayudarnos en nuestra vida diaria de caminar con el Espíritu Santo y depender de Él.

Oír al Espíritu Santo en realidad me conduce *a* las Escrituras. Leer las Escrituras no solo me ayuda a verificar si lo que he sentido es bíblicamente correcto, sino que la voz del Espíritu también me hace tener cariño por la Palabra de Dios, la cual tiene vida en cada una de sus páginas. Mi Biblia es Jesús impreso. Él es la Palabra de Dios. Las promesas, las advertencias, los misterios: todo ello lo representa. Amarlo a Él y no amar su Palabra es una contradicción. Es mi relación con el Espíritu de Cristo lo que me atrae a la Palabra de Dios una y otra vez. El tiempo que paso leyendo y estudiando la Biblia es parte de mi viaje con el Espíritu Santo.

El Espíritu Santo nos lleva "de gloria en gloria" (2 Corintios 3:18). Y tenemos que anticipar el hecho de recibir este "más" porque es lo que Él quiere para nosotros: *[Jesús] dijo: A vosotros os es dado conocer los misterios del reino de Dios* (Lucas 8:10). Es el Espíritu Santo quien nos revela la verdad a todos: *Pero cuando venga el Espíritu de verdad, él os guiará a toda la verdad; porque no hablará por su propia cuenta, sino que hablará todo lo que oyere, y os hará saber las cosas que habrán de venir* (Juan 16:13).

Es más fácil para algunas personas crear una razón teológica para su resistencia a oír directamente de Dios, que apropiarse de su responsabilidad de descubrir su voz en este viaje relacional. Tenemos una invitación a aprender a oír de parte de Dios a través de nuestra comunión con el Espíritu Santo. Cualquiera que crea que puede entender la profundidad de la Palabra de Dios, con su poder transformador, sin la inspiración del Espíritu Santo, ¡está delirando! El Espíritu es quien nos guía a toda verdad (ver Juan 16:13). En capítulos posteriores hablaremos más sobre cómo oír la voz de Dios.

Debemos recordar que Dios ya se ha propuesto revelar sus secretos a su pueblo. Esta no es una idea que han inventado los pentecostales y carismáticos. Se encuentra en los primeros escritos de la Biblia: *Las cosas secretas pertenecen a Jehová nuestro Dios; mas las reveladas son para nosotros y para nuestros hijos para siempre, para que cumplamos todas las palabras de esta ley* (Deuteronomio 29:29). Por lo tanto, Dios siempre ha querido mostrar sus secretos a su pueblo, quien después los administraría como una herencia para dar a las siguientes generaciones. Esta adecuada administración atrae la voz del Señor para edificar sobre el entendimiento de esa generación con verdades más profundas y significativas. Por eso el escritor de Hebreos dijo: *No echando otra vez el fundamento...* (Hebreos 6:1). Hay más para nosotros en Cristo. Es momento de que vayamos donde las verdades que hemos descubierto siempre quisieron llevarnos. Y, desde ahí, edificar sobre lo que ya entendemos.

ES MI RELACIÓN CON EL ESPÍRITU DE CRISTO LO QUE ME ATRAE A LA PALABRA DE DIOS UNA Y OTRA VEZ. EL TIEMPO QUE PASO LEYENDO Y ESTUDIANDO LA BIBLIA ES PARTE DE MI VIAJE CON EL ESPÍRITU SANTO.

UNA ESFERA DE LIBERTAD

En el misterio de la Deidad, Dios el Padre está sobre su trono en el cielo, el Hijo de Dios está sentado a su diestra y el Espíritu Santo es Dios en la tierra, viviendo en su morada eterna, su templo: el pueblo de Dios. Como expresé anteriormente, el Espíritu es quien nos capacita para tener éxito en todo lo que el Padre nos ha asignado ser y hacer. Según vayamos conociendo a esta "Persona de misterio", entraremos en una relación más profunda con Él.

Lo que he aprendido tras años de experiencia y estudio de las Escrituras es que el Espíritu Santo es un experto en escuchar sin reaccionar, amable en sus respuestas, genuino, nunca artificial, y honesto de una forma que nos sirve bien mientras que al mismo tiempo nos libera de cosas inferiores en nuestra vida sin causarnos vergüenza. Él sigue recibiéndonos incluso cuando no estamos a la altura, cuando acudimos a Él con temor, ira, resentimiento o incredulidad. Sin embargo, Él tampoco tolera el pecado, que es todo aquello contrario a su naturaleza santa y amorosa. Él no tiene intención de darnos una "audiencia con el Rey" y a la vez permitirnos salir igual que entramos. Conocerlo a Él nos cambia. Por completo. Tal vez debería decirlo así: bajo tales circunstancias, si salimos de nuestro tiempo de oración del mismo modo que entramos en él, no hemos estado orando sino quejándonos.

El Espíritu Santo siempre actúa para llevarnos a su esfera de libertad. De hecho, se puede decir que la cantidad de influencia que tiene en la vida de una persona se mide por la libertad en la que esa persona vive. El Espíritu manifiesta al Príncipe de Paz. Él siempre está presente, nunca distraído, y nunca demasiado ocupado para nosotros. Él valora la fe más de lo que nos damos cuenta porque, como Dios, Él es el más confiable que existe. Nuestra fe en Él es poderosa solo por su perfecta fidelidad. Cuando consideramos la naturaleza de Dios de fidelidad perfecta, la fe es nuestra única respuesta razonable.

LLEGAR A SER UN LUGAR DE REPOSO

En el Nuevo Testamento, el Espíritu Santo ocupa el foco central: nada ocurre sin Él. Es el Espíritu de Cristo. Levanta a Jesús de los muertos, capacita a los creyentes para ser como Jesús en carácter y en poder, y establece el cielo aquí en la tierra. Aunque es cierto que no habla acerca de sí mismo, tanto Jesús como el Padre hablan de Él a menudo. De nuevo, la Trinidad ejecuta una danza perfecta en la que cada uno honra al otro en perfecta armonía, revelando un solo corazón, una sola mente y una sola voluntad.

Por otro lado, el Antiguo Testamento nos da algunas de las *perspectivas* más ricas acerca del Espíritu Santo. La revelación de la Escritura sobre el Espíritu Santo bajo el antiguo pacto es esclarecedora, ya que esas perspectivas preparan el camino para todo lo que el Nuevo Testamento nos revela sobre Él. Si comparamos el proceso de revelación bíblica con una planta en flor, el Nuevo Testamento sería la flor, pero el Antiguo Testamento sería el sistema de raíces. El sistema de raíces es lo que sostiene la flor en su lugar, provee nutrientes a toda la planta e incluso la mantiene erguida. La naturaleza y el corazón del Espíritu se hacen evidentes en las ilustraciones gráficas de su presencia y sus obras en el Antiguo Testamento.

LA MISIÓN DE NOÉ

Por ejemplo, el modo en que la presencia del Espíritu Santo se manifiesta y actúa de manera simbólica en el libro de Génesis es única. En algunos aspectos, mi ilustración favorita de ese libro está conectada con el gran Noé. A Noé se le ordenó que construyera un arca; un gran barco que preservaría la vida tanto de los animales como de los seres humanos durante el gran diluvio que llegaría sobre la tierra. A la obediencia de Noé al construir el arca y refugiarse en ella junto a su familia le siguieron cuarenta días y cuarenta noches de lluvia hasta que toda la tierra quedó inundada (ver Génesis 6–7).

Noé esperó dentro del arca hasta que supo que era el momento de obedecer los próximos pasos del plan de Dios. Supo que era el momento adecuado "tanteando el terreno":

> *Envió también de sí una paloma, para ver si las aguas se habían retirado de sobre la faz de la tierra. Y no halló la paloma donde sentar la planta de su pie, y **volvió a él al arca**, porque las aguas estaban aún sobre la faz de toda la tierra. Entonces él extendió su mano, y tomándola, **la hizo entrar consigo en el arca**. Esperó aún otros siete días, y **volvió a enviar la paloma fuera del arca**. Y la paloma **volvió a él a la hora de la tarde; y he aquí que traía una hoja de olivo en el pico;** y entendió Noé que las aguas se habían retirado de sobre la tierra. Y **esperó aún otros siete días, y envió la paloma, la cual no volvió ya más a él.***
> (Génesis 8:8-12)

En esta hermosa historia, Noé usó una paloma para averiguar si las aguas del diluvio habían retrocedido lo suficiente como para poder abandonar el barco junto a su familia y comenzar la vida de nuevo en la tierra. Cuando la paloma no encontró lugar de descanso, regresó al arca. Noé parecía tener una conexión personal con esa paloma porque hay un énfasis especial en el hecho de que "la hizo entrar consigo en el arca". Esperó siete días y lo intentó de nuevo. Esta vez, la paloma regresó después de haber estado ausente la mayor parte del día. Cuando regresó, tenía en el pico una hoja de olivo. Eso, por supuesto, era señal de que las aguas estaban retrocediendo, la vegetación estaba creciendo de nuevo, y no pasaría mucho tiempo hasta que Noé y su familia pudieran abandonar el barco. Después de otros siete días de espera, Noé volvió a soltar a la paloma. Esta vez no regresó.

El símbolo internacional de la paz es una hoja de olivo en el pico de una paloma. Sin duda, este símbolo surge de esta historia bíblica, la cual nos da también un símbolo profundo de paz para la Iglesia. La paloma representa la paz y la restauración que el Espíritu Santo trae a nosotros a través de Cristo.

Gracias a su obediencia, Noé salvó la vida de su familia de la fuerza destructiva del diluvio que cubrió la tierra. Él, su esposa, sus hijos y las esposas de sus hijos se salvaron, así como las vidas de aquellos miembros del reino animal que habían estado a bordo para no extinguirse. Dos (macho y hembra) de todos los animales impuros, siete parejas de los animales puros y siete parejas de cada ave subieron a bordo del arca (ver Génesis 7:2-3). Esto hizo posible que Noé pudiera ofrecer en sacrificio una pareja de cada especie de animal puro y aun así tener tres pares más para criar. Tanto el ser humano como el reino animal debían repoblar la tierra.

LA PALOMA REPRESENTA LA PAZ Y LA RESTAURACIÓN QUE EL ESPÍRITU SANTO TRAE A NOSOTROS A TRAVÉS DE CRISTO.

En un sentido, la tierra estaba renaciendo. El mal de los días previos al diluvio había alcanzado un nivel máximo y tuvo que ser destruido. Noé y sus hijos ahora tendrían la oportunidad de empezar de nuevo. Era un día de nuevos comienzos.

LA MISIÓN DE JESÚS

Cuando una persona nace de nuevo, él o ella se convierte en una nueva criatura y recibe un nuevo comienzo. *De modo que si alguno está en Cristo, nueva criatura es; las cosas viejas pasaron; he aquí todas son hechas nuevas* (2 Corintios 5:17). Desde la creación de la humanidad hasta los tiempos de Cristo no hubo ninguna nueva creación; ninguna *nueva criatura* (a Noé le fue dada la oportunidad de comenzar de nuevo, pero no de ser hecho nueva criatura). Después de la muerte sacrificial y la resurrección de Jesús, los seres humanos han tenido la oportunidad de nacer de nuevo mediante el Espíritu de Dios: Aquel que levantó a Cristo de los muertos. Cuando alguien nace de nuevo, ¡esa persona se convierte en algo que nunca antes ha existido!

Pedro describe el fenómeno de este modo:

Mas **vosotros sois linaje escogido, real sacerdocio, nación santa, pueblo adquirido por Dios,** *para que anunciéis las virtudes de aquel que os llamó de las tinieblas a su luz admirable; vosotros que en otro tiempo no erais pueblo, pero que* **ahora sois pueblo de Dios;** *que en otro tiempo no habíais alcanzado misericordia, pero* **ahora habéis alcanzado misericordia.**   (1 Pedro 2:9-10)

La descripción que hace este pasaje de estas nuevas criaturas es simplemente hermosa. El propósito es igual de hermoso: ¡que podamos proclamar alabanzas a Dios!

Pedro estaba "allí" presente cuando esta historia de las nuevas criaturas comenzó a desarrollarse. Presenció la crucifixión de Jesús (ver Lucas 23:49). Era consciente del lugar donde el cuerpo de Jesús había sido puesto en la tumba (ver, por ejemplo, Lucas 23:55). Incluso había visto la tumba vacía la mañana de la resurrección:

> *Luego llegó Simón Pedro tras él, y entró en el sepulcro, y vio los lienzos puestos allí, y el sudario, que había estado sobre la cabeza de Jesús, no puesto con los lienzos, sino enrollado en un lugar aparte. Entonces entró también el otro discípulo, que había venido primero al sepulcro; y vio, y creyó. Porque **aún no habían entendido la Escritura, que era necesario que él resucitase de los muertos.*** (Juan 20:6-9)

Aunque la tumba estaba vacía, al principio Pedro y Juan no sabían lo que eso significaba para ellos; sin embargo, ese sería el día de sus nuevos comienzos. Ese sería el día en el que descubrirían que el mundo era completamente diferente a lo que había sido tan solo unos días antes. El diluvio de la gracia de Dios había destruido los poderes de la oscuridad que habían estado matando, robando y destruyendo las vidas de la humanidad desde que a Noé se le ofreció un nuevo comienzo (ver Juan 10:10). El Espíritu Santo, viviendo en los discípulos, haría posible que ellos demostraran la naturaleza superior del reino de Dios y la vieran manifestarse de maneras prácticas en las vidas de personas rotas.

EL APOSENTO ANTES DEL APOSENTO ALTO

Inmediatamente después de que Jesús fuera crucificado, el miedo se apoderó de tal manera de los once discípulos restantes que se escondieron. Ni siquiera el hecho de que Pedro y Juan habían visto la tumba vacía ayudó a calmar los nervios del grupo, aterrorizado después de esa experiencia traumática. Habían presenciado la brutal muerte de su Maestro. Todo el mundo sabía quiénes eran, hasta el punto de que una muchacha que era sirvienta pudo identificar a Pedro como seguidor de Jesús (ver, por ejemplo, Marcos 14:66-72). Estaban seguros de que serían los próximos en ser asesinados, ya que así actuaba el gobierno romano.

Los discípulos se escondieron en un aposento cuyo paradero no se menciona. No se sabe si era el piso superior o inferior. Lo único que sabemos a ciencia cierta es que aquella habitación oscura, controlada por el temor y el pánico (los once acababan de presenciar la muerte más horripilante de la historia), estaba a punto de convertirse en la habitación en la que todo cambió. Cambió porque Jesús llegó y entró a aquel aposento donde todas las ventanas y las puertas se habían cerrado por seguridad.

> *Cuando llegó la noche de aquel mismo día, el primero de la semana, estando las* **puertas cerradas** *en el lugar donde los discípulos estaban reunidos* **por miedo** *de los judíos,* **vino Jesús,** *y puesto en medio, les dijo:* **Paz a vosotros.** *Y cuando les hubo dicho esto, les mostró las manos y el costado. Y los discípulos se regocijaron viendo al Señor. Entonces Jesús les dijo otra vez:* **Paz a vosotros.** *Como me envió el Padre, así también yo os envío. Y habiendo dicho esto, sopló, y les dijo:* **Recibid el Espíritu Santo.** *A quienes remitiereis los pecados, les son remitidos; y a quienes se los retuviereis, les son retenidos.* (Juan 20:19-23)

Estoy seguro de que cuando Jesús apareció de repente, no resolvió el problema del temor en los discípulos. Ya estaban aterrorizados. Fíjate que no lo reconocieron de inmediato, lo cual tuvo que contribuir a lo terrorífico del momento. Jesús tuvo que enseñarles las cicatrices de las heridas en sus manos y en su costado para que supieran quién era. El fenómeno de que la apariencia de Jesús fuera diferente a la que conocían cuando estaban con Él en su forma terrenal antes de morir, aparece varias veces a lo largo de la historia de los hechos posteriores a la resurrección. Y Jesús sigue manifestándose a nosotros hoy de maneras muy diversas. Pero, cuando se manifiesta, siempre es de un modo coherente con la Escritura y nunca violando la naturaleza y las maneras de actuar del Espíritu Santo. Por eso debemos estudiar la Palabra de Dios y también familiarizarnos y conectarnos con el Espíritu de Dios, que siempre revela el corazón del Padre.

UN LUGAR PARA ATERRIZAR

Antes de revelar su identidad a sus discípulos, Jesús les dijo: *Paz a vosotros* (Juan 20:19). Imagina conmigo ese momento en el que Jesús declaró paz. Yo creo que fue muy parecido a cuando Noé soltó a la paloma del arca la primera vez, cuando no había lugar para que la paloma reposara.

En el caso de Noé, la razón era que las aguas del diluvio todavía no habían retrocedido de la tierra. En el caso de Jesús, las aguas del diluvio del temor todavía no habían retrocedido del corazón y la mente de los discípulos, aunque el Resucitado (Aquel que venció a la muerte, al pecado y a todos los poderes de la oscuridad) estaba ahora en el aposento con ellos. Si hubieran reconocido el momento divino en el que se encontraban, ¡no habrían tenido miedo a nada!

La paloma (paz) no había encontrado un lugar seguro para reposar. Pero una vez que Jesús reveló quién era mostrando a los discípulos las cicatrices de su sufrimiento, el diluvio de temor en su interior disminuyó, y la paloma ahora tenía un lugar para reposar. Las Escrituras dicen: *Los discípulos se regocijaron viendo al Señor* (v. 20). ¡Es bastante obvio que *no* se alegraron la primera vez! Jesús soltó de nuevo la paloma cuando dijo "Paz a vosotros" la segunda vez (v. 21). Esta vez, completó la declaración de paz con el regalo que, en comparación, dejaría en ridículo el día de nuevos comienzos de Noé. Sopló sobre ellos y dijo: *Recibid el Espíritu Santo* (v. 22).

Noé recibió un nuevo comienzo para un nuevo día, pero los discípulos se *convirtieron* en el nuevo día: ahora eran nuevas criaturas. Como leímos antes, Pedro describió a los creyentes en Jesús como "linaje escogido, real sacerdocio, nación santa, pueblo adquirido por Dios" (1 Pedro 2:9). El mismo Espíritu Santo que se movía sobre las aguas en el día de la creación e hizo todas las cosas nuevas (ver Génesis 1:2) ahora residía en el pueblo de Dios. El Espíritu del Cristo resucitado hizo su hogar en ellos. Aquellos que habían sido comprados con su sangre se habían convertido en el templo del Dios viviente. La paloma no solo encontró un lugar seguro para reposar, sino también un lugar que lo honraría a Él y le daría el lugar que merecía de influencia en sus vidas y a través de ellas. *Ser guiados por el Espíritu* ya no era un sueño. Era una realidad disponible gratuitamente para todos aquellos que confesaran a Jesús como Señor.

Una de las partes de esta historia de las nuevas criaturas que me parece la más retadora y la más acogedora, es el comentario de Jesús: *Como me envió el Padre, así también yo os envío* (Juan 20:21). ¿Qué fue enviado Jesús a hacer? Revelar al Padre y entregar al Espíritu Santo. ¿Qué se nos ha encomendado a nosotros que hagamos? Revelar al Padre y entregar al Espíritu Santo.

SER GUIADOS POR EL ESPÍRITU YA NO ERA UN SUEÑO. ERA UNA REALIDAD DISPONIBLE GRATUITAMENTE PARA TODOS AQUELLOS QUE CONFESARAN A JESÚS COMO SEÑOR.

IMPARTIR PAZ

Estoy convencido de que los discípulos no habían entendido lo que Jesús había querido decir tiempo atrás en su camino juntos, cuando les ordenó que permitieran que su paz descansara sobre una casa:

> *En cualquier casa donde entréis, primeramente decid:* **Paz sea a esta casa.** *Y si hubiere allí algún hijo de paz, vuestra paz reposará sobre él; y si no,* **se volverá a vosotros.** *Y posad en aquella misma casa, comiendo y bebiendo lo que os den; porque el obrero es digno de su salario. No os paséis de casa en casa. En cualquier ciudad donde entréis, y os reciban, comed lo que os pongan delante; y* **sanad a los enfermos que en ella haya,** *y decidles:* **Se ha acercado a vosotros el reino de Dios.**
>
> (Lucas 10:5-9)

Si los discípulos no habían entendido previamente lo que Jesús les había ordenado que hicieran, es razonable esperar que su entendimiento se disparara después de la experiencia que tuvieron, en la que Él atravesó la pared para entrar en el aposento donde estaban y declarar paz sobre ellos en su momento de gran temor. En Lucas 10 Jesús había dicho, como si estuviera profetizando acerca de ellos, que si no había un "hijo de paz" en la casa, la paz volvería. Creo que eso es exactamente lo que le ocurrió a Jesús. La paloma regresó a Él, así que lo intentó de nuevo. La mayoría de nosotros estamos vivos porque Dios es el Dios de las segundas oportunidades.

Romanos 14:17 dice: *Porque el reino de Dios no es comida ni bebida, sino justicia, paz y gozo en el Espíritu Santo*. El reino de Dios está en el ámbito del Espíritu Santo. Y en el ámbito del Espíritu Santo no hay más enfermedad que la que habría en el mismo cielo, porque el Espíritu Santo demuestra el señorío de Jesús sobre cualquier enemigo de la raza humana. El pasaje de Lucas 10 conlleva todos estos elementos: "paz sea a esta casa" (v. 5), "sanad a los enfermos que en ella haya" (v. 9) y "se ha acercado a vosotros el reino de Dios" (v. 9).

Observemos que los tres términos que Pablo utiliza para resumir la naturaleza del reino de Dios son *justicia, paz* y *gozo*.

La *justicia* revela la naturaleza perfecta de Dios representada por su pureza, belleza, poder y gloria. Es más que solo "sin pecado". Es la esencia de su bondad que no compromete, no se distrae, no se diluye ni tiene intereses divididos. Otra palabra para esto en nuestro mundo es *excelencia*. Como tal, está separada de cualquier cosa que sea inferior. En el ámbito del dominio de Dios no hay nada contaminado ni imperfecto.

La *paz* no es solo la *ausencia* de algo, como la ausencia de ruido, conflicto o guerra. Es la *presencia* de Alguien. Más específicamente, es la presencia prevaleciente del Espíritu de Dios que, efectivamente, revela al Príncipe de paz, Jesucristo, en una ubicación o situación específica. La paz conquista todo lo que es contrario a ella y lo somete al glorioso reinado y la influencia de Aquel que reina.

El *gozo* es deleite puro y absoluto, placer y un éxtasis perfecto. En un sentido muy real, el gozo es la esencia de la naturaleza de Dios manifestada en el jardín del Edén que experimentaron Adán y Eva. Tan seguro como que fuimos creados para tener comunión con Dios, fuimos diseñados para experimentar gozo. Salmos 16:11 dice: *En tu presencia hay plenitud de gozo; delicias a tu diestra para siempre*. Fíjate en la conexión entre la presencia de Dios y la experiencia del gozo en nosotros como individuos. Las palabras "plenitud" y "delicias" describen nuestra relación con Dios. Estas dos palabras revelan la naturaleza de la influencia del Espíritu Santo en la vida del creyente. Es *plenitud* de gozo, que implica que "no falta nada". Este concepto también se menciona en Juan 16:24, que expresa que tener nuestros deseos cubiertos a través de oraciones respondidas nos da acceso a esa misma medida de gozo.

Los discípulos, desde su experiencia del momento en el que Jesús apareció en medio de ellos impartiendo paz, habían de aprender que podemos y debemos liberar la presencia de la paloma, el Espíritu de paz, sobre las casas y los negocios a los que entramos. Llegar a reconocer su presencia sobre nosotros es una parte fundamental de nuestro proceso de madurez. Como Jesús vivía siendo consciente de *la paloma sobre su hombro*, supo cuándo salió poder de su interior y sanó a la mujer que se había abierto paso entre la multitud para tocar el borde de su manto (ver Lucas 8:43-48). De manera similar, a medida que nos familiaricemos con la presencia del Espíritu, podremos ser más conscientes de cuándo hemos entrado a un lugar en el que hay personas de paz, porque la paloma/paz "reposa" y no regresa a nosotros, como ilustró Noé, y como Jesús describió a sus discípulos.

Después de la resurrección de Cristo, el nuevo día no estuvo marcado por una tierra vacía a punto de ser repoblada por el hombre y las bestias. Esta vez fue (y es) marcada por la transformación de las personas desde dentro hacia afuera. Esta es la mejor clase de *nuevo día*. La hoja en blanco no era una tierra vacía de vida, sino que era y es el territorio intacto llamado corazón humano, listo para ser transformado por el Espíritu de Dios a la imagen de Jesús.

4

SER
TRANSFORMADOS A
LA IMAGEN DE JESÚS

Jesús les presentó a sus discípulos al Espíritu de Dios, quien les presentaría más a fondo a su Padre celestial para que pudieran vivir el estilo de vida correspondiente que habían observado solamente en Jesús. Este Espíritu los guiaría como había guiado a Jesús y los conectaría continuamente con Abba Padre; Él testificaría a sus espíritus que habían sido adoptados por Dios y ahora eran coherederos con Jesús.

Como leímos en el capítulo 1 de este libro, el Espíritu Santo que vive en nosotros es el sello de nuestra adopción:

*Porque todos los que son guiados por el Espíritu de Dios, estos son hijos de Dios. Pues no habéis recibido el espíritu de esclavitud para estar otra vez en temor, sino que habéis recibido el espíritu de adopción, **por el cual clamamos: ¡Abba, Padre!** El Espíritu mismo da testimonio a nuestro espíritu, de que somos hijos de Dios. Y si hijos, también herederos; herederos de Dios y coherederos con Cristo, si es que padecemos juntamente con él, para que juntamente con él seamos glorificados.*

(Romanos 8:14-17)

Una de las cosas que más disfruto es ver historias de adopción en YouTube. Me hacen llorar una y otra vez. Las historias a menudo se centran en un niño o una niña que sostiene un cartel que dice algo así como: "Después de meses de estar en cinco casas de acogida diferentes, ¡me van a adoptar!". El gozo en las caras de esos niños y esas niñas es la perfección absoluta; hace que cada sacrificio que sus familias adoptivas hayan hecho para llevar a cabo ese cambio en sus hogares y estilos de vida valga la pena. Otra historia que me conmueve con la misma profundidad es cuando un padrastro le da un regalo de Navidad especial a su hijastro. El amor en el hogar ya es obvio, pero cuando ese joven, normalmente en sus años de adolescencia, abre el regalo y lee el deseo del padrastro de adoptarlo y darle su apellido, las lágrimas fluyen solas. El gozo se vuelve palpable, aunque yo solamente estoy viendo suceder la historia en una pantalla de computadora. Lo que más me conmueve, posiblemente, es cuando una joven le da a su padrastro una carta por Navidad que dice: "¿Me adoptarás?". Cada vez que veo algo así, acabo hecho un desastre. Para ser sincero, estoy llorando ahora mismo mientras escribo estas palabras.

Si multiplicas por mil las historias que acabo de contar, comenzarás a entender la palabra utilizada para describir cómo Dios nos ha adoptado a nosotros. Dice que recibimos el Espíritu Santo "por el cual clamamos: ¡Abba, Padre!". Uno de los significados de la palabra griega traducida para "clamamos" es "gritar".[4] Y el pasaje dice "por el cual", dando a entender que el Espíritu Santo es la fuente del grito o el arrebato, afirmando nuestra identidad presentándonos a nuestro Padre. Este tipo de clamor no encajaría

---

4. Strong's, G2896, Blue Letter Bible Lexicon, https://www.blueletterbible.org/lexicon/g2896/kjv/tr/0-1.

con la definición que tiene mucha gente de hacer las cosas "decentemente y con orden" (1 Corintios 14:40) en la iglesia porque es cruda, real y extrema. Pero viene del Espíritu Santo, ¡y es parte de la vida con nuestro Padre! Es un cuadro asombroso del rol del Espíritu Santo: presentarnos al Padre y fortalecer nuestra identidad en Él.

La tarea principal de Jesús en esta tierra era revelar al Padre, pero no fue hasta que desató al Espíritu Santo que completó su tarea, porque la única forma en la que averiguamos quiénes somos es porque sabemos quién es nuestro Padre mediante el Espíritu Santo que vive en nosotros. Esto es una revelación relacional porque ahora podemos conocer personalmente al Padre, Aquel a quien Jesús tan a menudo celebraba.

> *LA TAREA PRINCIPAL DE JESÚS EN ESTA TIERRA ERA REVELAR AL PADRE, PERO NO FUE HASTA QUE DESATÓ AL ESPÍRITU SANTO QUE COMPLETÓ SU TAREA.*

DAR A LUZ

Nosotros ahora también somos llamados a revelar al Padre a otros como lo hizo Jesús. El Espíritu Santo demuestra el corazón del Padre en nosotros y a través de nosotros a medida que nos transforma a la imagen de Jesús, nuestro Hermano mayor. ¡Este proceso de transformación es emocionante; pero a veces puede ser un caos!

Yo presencié el nacimiento de cada uno de mis tres hijos. Mi esposa Beni y yo estábamos agradecidos de que los partos no tuvieran ninguna emergencia médica o cualquier otro susto o complicación que tantos otros padres tienen que soportar. Pero, para los ignorantes (yo era uno), el proceso de dar a luz no tenía nada de *decente y con orden*. Fue caótico. Muy caótico. Y aun así, los médicos y las enfermeras mostraron una paz y un gozo tremendos tanto en el proceso como en el resultado. Cada vez fue un día maravilloso porque mi esposa y yo recibimos los regalos más asombrosos: tres hijos maravillosos. Sin embargo, lo que parecía caótico desde el punto de vista del ignorante era realmente algo con orden y hasta hermoso para los que *sí estaban familiarizados* con el proceso. Yo tuve que recibir la confianza que daba la paz de los expertos. Su confianza me dio confianza.

> **EL ESPÍRITU SANTO DEMUESTRA EL CORAZÓN DEL PADRE EN NOSOTROS Y A TRAVÉS DE NOSOTROS A MEDIDA QUE NOS TRANSFORMA A LA IMAGEN DE JESÚS, NUESTRO HERMANO MAYOR.**

Jesús asemejó nuestra conversión a un nacimiento, utilizando las palabras "nacido de nuevo" (Juan 3:3, 7, varias traducciones). Aunque a mí no me gusta el caos y el desorden, debo recordar de quién es la definición de orden a la que me acojo cuando se trata de asuntos espirituales. El que inspira los "gemidos indecibles" (Romanos 8:26) y los clamores de "Abba Padre" es el Espíritu Santo. Su definición es la que importa.

Es posible que el único "servicio dominical" del que el Espíritu Santo estuvo completamente a cargo fue el día de Pentecostés. ¡En ese momento nadie sabía tanto como para estropearlo!

> *En esa ocasión, había judíos devotos de todas las naciones, que vivían en Jerusalén. Cuando oyeron el fuerte ruido, todos llegaron corriendo y quedaron **desconcertados**... Estaban totalmente **asombrados**... Quedaron allí, **maravillados** y **perplejos**. «¿Qué querrá decir esto?», se preguntaban unos a otros. Pero otros entre la multitud se **burlaban** de ellos diciendo: «Solo están borrachos, eso es todo».*
>
> (Hechos 2:5-7, 12-13, NTV)

Cuando el Espíritu Santo estaba completamente a cargo, los frutos que se vieron entre la multitud que estaba presente fueron el *desconcierto*, el *asombro*, la *maravilla*, la *perplejidad* y la *burla*. Muchas personas cometen el error de definir la voluntad de Dios por aquello que les parece cómodo. Sí, Él es el Consolador, pero a menudo nos incomoda primero para que podamos estirarnos y crecer. Su atención constante al cambio nos reta a no vivir en una comodidad falsa sino vivir de verdad, con absoluta confianza en Aquel que sabe lo que hace y hacia dónde vamos.

Del mismo modo, se nos hace demasiado fácil definir la naturaleza de Dios por lo que nos gusta de nosotros mismos. A menudo protegemos lo que puede ser una actitud o un comportamiento disfuncional en contraste con el modelo de vida que nos enseñó Jesús; le ponemos algún nombre virtuoso mediante el cual le damos permiso para quedarse. Por ejemplo, si nos gusta el hecho de que somos difíciles de impresionar, nos resistimos a recibir ideas nuevas o somos escépticos en cuanto a lo sobrenatural, a menudo decimos que Dios también tiene esas características. Las personas que son demasiado cautas muchas veces son llamadas "sabias", pero no suelen mover montañas. Estas disfunciones salen caras en el largo plazo.

Muchas veces, cuando he hablado acerca de los aspectos sobrenaturales de nuestra fe, acudieron a mí personas diciendo que son más intelectuales por naturaleza y no se sienten identificadas con lo sobrenatural ni lo necesitan en sus vidas. Pero ¿acaso podemos decir que una perspectiva es *inteligente* si no está anclada en la mentalidad de Cristo? Lo milagroso viene del intelecto de Cristo. Una mentalidad que desecha lo sobrenatural no es sino un reflejo del quebranto. *Quebranto* puede parecer una manera extraña de describirlo, ya que la cautela y el escepticismo acerca de los asuntos espirituales a menudo son características que las personas a nuestro alrededor celebran tanto dentro como fuera de la Iglesia. Sin embargo, son un objetivo primordial de Dios en su esfuerzo por transformar nuestra manera de pensar y de ver en una perspectiva alineada con su reino. Estoy muy agradecido por su bondad hacia mí cuando a menudo tiene que sacarme de una manera equivocada de pensar. Alinearnos con la mente de Cristo nos ayudará a seguir siendo un lugar acogedor de reposo para el Espíritu Santo y a seguir abiertos a las maneras en las que Él está actuando en nosotros.

EL ESPEJO DE ESPEJOS

Hemos visto que el Espíritu Santo es exactamente como Jesús; se habla de Él como "otro Consolador" en Juan 14:16 (RVR-60, NVI). Y sabemos que Jesús es exactamente igual al Padre. Recuerda que Jesús les dijo a sus discípulos que, si lo habían visto a Él, habían visto al Padre (ver Juan 14:9). El autor de Hebreos expresa esta realidad maravillosamente:

> *Él es el resplandor de Su gloria y **la expresión exacta de Su naturaleza**, y sostiene todas las cosas por la palabra de Su poder. Después de llevar a cabo la purificación de los pecados, el Hijo se sentó a la diestra de la Majestad en las alturas.*   (Hebreos 1:3, NBLA)

El Espíritu Santo constantemente nos hace más como Jesús, que está sentado a la derecha del Padre en el cielo. Una de las afirmaciones bíblicas más impresionantes a este respecto se encuentra en la segunda Epístola de Pablo a la iglesia en Corinto:

> *Y si el ministerio de muerte grabado con letras en piedras fue con gloria, tanto que los hijos de Israel no pudieron fijar la vista en el rostro de Moisés a causa de la gloria de su rostro, la cual había de perecer, ¿**cómo no será más bien con gloria el ministerio del espíritu?**... Porque si lo que perece tuvo gloria, mucho más glorioso será lo que permanece... Pero el entendimiento de ellos se embotó; porque hasta el día de hoy, cuando leen el antiguo pacto, les queda el mismo velo no descubierto, el cual por Cristo es quitado. Y aun hasta el día de hoy, cuando se lee a Moisés, el velo está puesto sobre el corazón de ellos. Pero cuando se conviertan al Señor, el velo se quitará. Porque el Señor es el Espíritu; y **donde está el Espíritu del Señor, allí hay libertad.** Por tanto, nosotros todos, **mirando a cara descubierta como en un espejo la gloria del Señor, somos transformados de gloria en gloria en la misma imagen, como por el Espíritu del Señor.***
>   (2 Corintios 3:7-8, 11, 14-18)

¿Ves lo que indica este pasaje? Que estamos contemplando la gloria del Señor; pero luego descubrimos que nos estamos mirando en un espejo. En ese espejo estamos viendo la obra del Espíritu Santo, quien nos transforma "de gloria y gloria" a la imagen del Hijo de Dios glorificado.

Brian Simmons, en la versión *The Passion Translation*, lo expresa de manera brillante:

> El "Señor" al que me refiero es el Espíritu Santo, y dondequiera que Él es Señor, hay libertad... Estamos siendo transformados a su misma imagen a medida que somos llevados de un nivel de gloria al siguiente. Y esta transfiguración gloriosa viene del Señor, que es el Espíritu.
>
> (2 Corintios 3:17-18, traducción libre)

DISEÑADOS PARA LA GLORIA

Por cuanto todos pecaron, y están destituidos de la gloria de Dios (Romanos 3:23). Fuimos diseñados para vivir en la gloria de Dios. Por supuesto, el pecado nos hizo estar destituidos del propósito original que Dios tenía para nosotros, pero la sangre de Jesús nos restauró a su diseño original destruyendo el poder y el historial del pecado. El Espíritu Santo trae la gloria del perfecto Hijo de Dios a las vidas de los creyentes que han nacido de nuevo, transformándonos a cada uno a la imagen de Jesús, que ahora está glorificado en el cielo.

Antes de que hubiera pecado, había una respuesta para ello, porque Jesús fue crucificado antes de que el pecado entrara en el mundo. Las Escrituras afirman: "*Y la adoraron* [a la bestia] *todos los moradores de la tierra cuyos nombres no estaban escritos en el libro de la vida del **Cordero que fue inmolado desde el principio del mundo**"* (Apocalipsis 13:8). Este gran misterio revela el corazón de Dios desde la eternidad por aquellos que serían hechos a su imagen. Nada (ni el diablo, ni el pecado, ni siquiera nuestra propia rebelión) puede destruir el plan de Dios de hacer que las personas vivan sin mancha en su gloria. Esta conexión sin interrupciones solo es posible por la sangre del Cordero de Dios sin mancha, y por la obra de santificación del Espíritu Santo descrita en este versículo: *Elegidos según la presciencia de Dios Padre en **santificación del Espíritu**, para obedecer y ser **rociados con la sangre de Jesucristo**: Gracia y paz os sean multiplicadas*

(1 Pedro 1:2). No es que apenas hayamos calificado para vivir en la gloria de Dios. Estamos *completamente* calificados para vivir en su gloria gracias a la eficacia de la sangre de Jesús.

Por lo tanto, el Espíritu Santo hace posible que contemplemos la gloria de Dios como si miráramos un espejo, viendo lo que Él ha hecho en nuestras vidas. Y este milagro de gracia sobrecogedora ocurre porque siempre nos parecemos a aquel al que adoramos. Nos parecemos a aquel que contemplamos.

Jesús es exactamente como el Padre. El Espíritu Santo es exactamente como Jesús. Y nosotros nos vamos volviendo como el Hijo de Dios glorificado a través de la obra del Espíritu, que nos guía a nuestro Padre.

5

CREADOS PARA ACOGER

Hemos visto que el viaje de la conexión de la humanidad con el Espíritu Santo comenzó en el principio de los tiempos, en el jardín del Edén. El cielo y la tierra se fundían de manera hermosa allí, permitiendo al primer hombre y a la primera mujer experimentar el propósito de aquellos que fueron creados a imagen de Dios: el *gozo*. La palabra hebrea *eden* significa "deleite", "lujo" o "placer".[5] Me sorprende cuántas veces nos perdemos este significado, el cual tiene el objetivo de llevar nuestra atención al

---

5. Ernest Klein, *A Comprehensive Etymological Dictionary of the Hebrew Language for Readers of English*, 1ra ed. (Carta Jerusalem, 1987), Sefaria, https://www.sefaria.org/Klein_Dictionary%2C_%D7%A2%D6%B5%D6%BD%D7%93%D6%B6%D7%9F_%E1%B4%B5?lang=bi.

propósito original de Dios para nosotros. Él es un Padre bueno que nos creó para su deleite y el nuestro.

El jardín del Edén es donde Dios se encontraba con Adán regularmente y pasaba tiempo con él. No hay registro bíblico de cuánto tiempo duró este maravilloso estado de comunión antes de la creación de Eva. La Biblia tampoco menciona cuánto tiempo pasó desde la creación de Eva, que disfrutaba de la misma comunión con Dios, hasta que ella y Adán desobedecieron a Dios y comieron del fruto prohibido. Fácilmente podrían haber sido muchos años.

No hay duda de que el Espíritu Santo llenaba este maravilloso paraíso, ya que sin Él no habría habido paraíso. El Espíritu Santo es quien demuestra el reinado del señorío de Dios. Él contiene la esencia del reino de Dios (el territorio del Rey) en su persona. El reino se revela en la presencia manifiesta del Espíritu y habita en ella. Conocerlo a Él es conocer y experimentar la realidad del reino de Dios. Y explorar la realidad del reino de Dios es participar del viaje único en la vida de tener una relación con el Espíritu Santo.

El jardín del Edén era, por lo tanto, el paraíso terrenal ideal, lleno de la presencia del Dios todopoderoso. Como describí anteriormente, el aire estaba impregnado de justicia, paz y gozo, que están entre las expresiones de su reinado de deleite. El Edén contenía la belleza perfecta de la creación de Dios; el deleite eufórico de Adán y Eva, que vivían sin pecado y sin vergüenza; y el asombro eterno de este Padre eterno que escogió revelarse a los seres humanos, en ellos y a través de ellos. Este jardín de deleite y perfección ilustraba otro aspecto más de la maravilla, el asombro y el diseño de Dios que no podía ser revelado tan claramente a través de cualquier otra parte de su creación, ya que esta era la única parte que sabemos que fue diseñada con el principal propósito del deleite en mente.

El jardín de la felicidad perfecta existía *aparte* del cielo, pero no era contrario o inferior al cielo (aunque después sí se hizo inferior debido al pecado). El Edén era el paraíso terrenal ideal porque allí se producía la fusión perfecta de las dos realidades: el cielo y la tierra. Otra forma de decirlo es que el Edén era el lugar donde se encontraban lo natural y lo sobrenatural. En nuestros días vemos destellos de este tipo de fusión cuando, por medio del Espíritu Santo, somos más conscientes de la presencia de Dios, sus ángeles y la realidad de su reino. En este tipo de entorno suele decirse que *los cielos están abiertos*. El Edén era el máximo ejemplo de cielos abiertos porque todavía no había ningún pecado en el jardín. De nuevo, era un lugar donde el cielo y la tierra se unían en perfecta armonía de la manera más hermosa.

DIOS NOS DIO SU NATURALEZA

Dios, que es perfecto en amor, nos creó para ser amados por Él. El amor siempre da. Lo primero que Dios les dio a los seres humanos fue el regalo de ser hechos a su imagen. Él nos otorgó su propia semejanza para que pudiéramos disfrutar y deleitarnos en la singularidad de la persona de Dios. Nuestro diseño humano no podía haber sido mejorado. Era perfección absoluta porque había sido modelado a imagen del Creador mismo. Como expresé anteriormente, todo nuestro ser estaba diseñado para experimentar su mundo de deleite, placer y éxtasis, porque este mundo fue creado para nuestro disfrute.

También se puede decir que fuimos diseñados para *acoger* a Dios, y la interacción con Él debería ser una de las maneras en las que experimentamos su divinidad y encontramos nuestra razón de ser. Explorar la naturaleza de Dios es, en cierto modo, descubrir quiénes somos. Cuando el Espíritu Santo viene a habitar en nosotros y nos rendimos a Él, reflejamos el corazón y la naturaleza de Dios a través de nuestros pensamientos, actitudes y acciones de manera natural. El enemigo de nuestras almas trabaja duro para manchar esa manifestación de quién es Dios en este mundo. Lo hace intentando persuadirnos a que nos aferremos a la ansiedad, el temor, el resentimiento y el remordimiento. Tales cosas nos llevan por un camino que no tiene otra solución sino el arrepentimiento. Rendirnos a la Palabra de Dios y resistir los planes del enemigo nos permite llevar la presencia de Dios, su naturaleza y su tarea a la tierra.

FUIMOS DISEÑADOS PARA ACOGER A DIOS,
Y LA INTERACCIÓN CON ÉL DEBERÍA SER UNA DE LAS
MANERAS EN LAS QUE EXPERIMENTAMOS SU DIVINIDAD
Y ENCONTRAMOS NUESTRA RAZÓN DE SER.

DIOS NOS DIO LA TIERRA

En el cielo abierto llamado el jardín del Edén, Dios se entregó en comunión a Adán y Eva. Lo interesante es que también les entregó toda la tierra a esta primera pareja. *Los cielos son los cielos de Jehová; y ha dado la tierra a los hijos de los hombres* (Salmos 115:16). Con este regalo llegaba también la responsabilidad de llevar todo lo que estaba fuera del jardín a la belleza, grandeza y orden divino del jardín. No hay duda de que el tamaño del Edén era el tamaño exacto para que Adán y Eva pudieran manejarlo bien, ya que Dios da responsabilidades "a cada uno conforme a su capacidad" (Mateo 25:15). Ellos debían extender los límites de jardín hasta que toda la tierra estuviera cubierta con la misma belleza, deleite y armonía perfecta. Emprender la tarea de transformar la tierra entera requería que desarrollaran la habilidad de administrar y manejar aquello sobre lo que se les había dado autoridad. En parte, podían hacer eso solo teniendo hijos que tendrían hijos, que tendrían hijos, y que llevarían en sus corazones el mandato original. La meta era ver el planeta entero transformado en un éxtasis continuo lleno de placer y deleite; y todo gracias a la relación de los seres humanos con su Padre.

Hasta el día de hoy, la tierra es la herencia de la humanidad. El apóstol Pablo declaró esta verdad cuando escribió: *Por lo tanto, que nadie base su orgullo en los seres humanos. Al fin y al cabo, todo es de ustedes, ya sea… el mundo… o lo presente o el porvenir; todo es de ustedes, y ustedes son de Cristo, y Cristo es de Dios* (1 Corintios 3:21-23, NVI). El plan de Dios de crearnos a su imagen y después empoderarnos para trabajar juntamente con Él es para darle gloria. Verdaderamente es el plan más hermoso que asombra a toda la creación.

EL SUEÑO SUPREMO: VIVIR EN NUESTRO INTERIOR

Es fácil ver cómo Dios se entregó a sí mismo completamente a Adán y después a Eva antes de que cualquier acto de pecado hubiera ocurrido. Pero es aún más asombroso ver cómo demostró su amor entregándose a ellos después de su pecado y fracaso absoluto. Después de su pecado, Dios siguió siendo generoso porque Él es amor. *Porque de tal manera amó Dios al mundo, que ha dado a su Hijo unigénito, para que todo aquel que en él cree, no se pierda, mas tenga vida eterna* (Juan 3:16). El amor, igual que la fe, no puede ser ocioso e inútil.

Es verdaderamente asombroso pensar que el pecado nos manchó tanto que nos descalificó para vivir la vida que Dios diseñó. Pero la sangre de Jesús nos restauró para volver a ser hijos e hijas del Rey agradables a Él, y que pudiéramos seguir teniendo comunión con Dios Padre. A través de la sangre de Jesús nuestro pecado ha sido borrado. La sangre de Jesús nos permite tener una conexión perfecta con el Espíritu Santo, que es Dios en la tierra.

¿Puedes imaginarlo? No puedo exagerar lo que quiero decir: el Creador del universo desarrolló un plan para pasar toda la eternidad viviendo en el interior de aquellos que habían sido creados a su imagen. Más específicamente, Él escogió vivir en los corazones y en los cuerpos de aquellos que, a través de la fe en Jesucristo, han sido redimidos de la maldición del pecado. Es imposible comprenderlo. Dios, el Todopoderoso, ¡viviendo en nuestro interior! Somos su morada eterna. Podemos disfrutar de una conexión ininterrumpida con Aquel que nos diseñó para experimentar placer y deleite, y que ha decidido hacer de nosotros su hogar. Su cercanía es nuestra alegría. Como hemos visto, la Biblia deja bastante claro que la plenitud de gozo se encuentra en la presencia del Señor (ver Salmos 16:11). ¿Y acaso no sería correcto decir que el gozo es la expresión de alguien que ha encontrado placer y deleite?

DESCANSAR SOBRE

Como comencé a explicar en el capítulo 3, "Llegar a ser un lugar de reposo", el Espíritu Santo habita en todos los creyentes, pero no siempre *reposa sobre* todos los creyentes todo el tiempo. Reposa sobre aquellos que se rinden completamente a Él, como Jesús, quien con su modelo nos enseñó a darle espacio al Espíritu Santo y la oportunidad de expresarse libremente. Nos enseñó a honrar y a acoger a este glorioso Espíritu Santo.

El Espíritu Santo vive *en* mí por mi propio bien, pero *reposa sobre* mí por el bien de los demás, para impartir el Espíritu en ellos. El mismo Espíritu que me unge para el ministerio, consuela y dirige mi vida. Cuando reposa sobre mí, siempre es para transformar todo aquello que me rodea. Jesús ejemplificó esta verdad a la perfección. Todo comenzó cuando fue bautizado en agua, y este aspecto de la historia de Jesús debería impactar la vida de todos los creyentes. Así es como se describe en Juan 1:33: *Sobre quien veas descender el Espíritu y que* **permanece** *sobre él, ese es el que bautiza con el Espíritu Santo.* El Espíritu Santo vino sobre Jesús y permaneció sobre Él. Aunque Jesús vino a la tierra con autoridad porque había sido enviado por el Padre, aún necesitaba poder espiritual para hacer todo lo que el Padre había planeado que hiciera. Su bautismo en agua fue el momento en el que fue revestido con el poder del Espíritu Santo. Fue a la vez su bautismo en agua y su bautismo en el Espíritu Santo. Es después de esta experiencia cuando vemos a Jesús caminando con poder para ministrar. Esto se ve claramente en Lucas 3:21-22; 4:1-30. Lo que me llama la atención es el énfasis en que el Espíritu Santo "permanece" sobre Jesús. Esto implica que el Espíritu de Dios podría haber estado allí y después haberse marchado; en otras palabras, podría no haber sido una constante o una realidad siempre en aumento; pero Jesús lo acogió maravillosamente, sin profanar al Espíritu de Dios de ningún modo. Él se convirtió en el lugar de reposo perfecto para el Espíritu Santo.

EL ESPÍRITU SANTO VIVE EN MÍ POR MI PROPIO BIEN, PERO REPOSA SOBRE MÍ POR EL BIEN DE LOS DEMÁS

Cuando relato esta historia del bautismo de Jesús a grupos de personas, suelo preguntar: "Si yo tuviera una paloma, en lo natural, que descansara sobre mi hombro, ¿de qué manera caminaría por esta sala si quisiera que se quedara?". "Cuidadosamente" es la respuesta más habitual, y es correcta. Sin embargo, cuando se trata de mi relación con el Espíritu Santo, prefiero describirlo de esta manera: cada paso que daré será teniendo en mente a la paloma. Cada movimiento tendría el objetivo de proteger y honrar aquello que más valoro: *a Él.*

El estilo de vida de Jesús nos presenta una historia continua de compañerismo perfecto entre un hombre y el Espíritu Santo. Ahora bien, por si acaso piensas (como algunos han comentado erróneamente) que no creo que Jesús es el Hijo de Dios o que es Dios en forma humana, permíteme afirmar esto: ¡Él es el eterno Hijo de Dios! Si Él no fuera Dios, ¡no tendríamos salvación ni promesa de la eternidad! Pero Él se identificó a sí mismo como el Hijo del Hombre para ilustrar lo que sería posible para una persona completamente rendida al Espíritu Santo. Los Evangelios nos muestran a Jesús, pero el que permitió que la humanidad de Jesús cumpliera perfectamente la voluntad del Padre en la tierra fue el Espíritu Santo.

Uno de mis versículos bíblicos favoritos es Hechos 10:38 (NVI):

*Me refiero a Jesús de Nazaret: cómo lo ungió Dios con el Espíritu Santo y con poder, y cómo anduvo haciendo el bien y sanando a todos los que estaban oprimidos por el diablo, **porque Dios estaba con él.***

Cuando este versículo dice que "Dios estaba con él", no da a entender que Jesús no era Dios. Está enfatizando el hecho de que Dios estaba con Él en su humanidad. Eso es lo que hizo posible que el Hijo del Hombre hiciera todas las cosas divinas que hizo. De hecho, al inicio de su ministerio Jesús anunció que Dios estaba con Él:

El Espíritu del Señor está sobre mí, por cuanto me ha ungido para dar buenas nuevas a los pobres; me ha enviado a sanar a los quebrantados de corazón; a pregonar libertad a los cautivos, y vista a los ciegos; a poner en libertad a los oprimidos; a predicar el año agradable del Señor. (Lucas 4:18-19)

Una vez más, vemos que lo que permitía a Jesús hacer todo lo que hizo era el Espíritu Santo sobre Él. Se podría decir que Él sanó "a todos los que estaban oprimidos por el diablo" porque Dios estaba con Él. No es que todas las personas que estaban vivas fueran sanadas o liberadas; pero todos los que acudieron a Él y todos los que el Padre dirigía a Él recibieron su milagro. Sin excepciones.

Cuando leemos acerca de los tres años y medio del ministerio de Jesús, no siempre somos conscientes del hecho de que estamos siendo testigos de la obra del Espíritu Santo. Pero lo hermoso es que en esos momentos presenciamos una revelación de la unión perfecta y la manifestación de la Trinidad: Padre, Hijo y Espíritu Santo. A través de las obras y las palabras de Jesús vemos el corazón del Padre manifestado a través de la vida, la naturaleza y las obras del Espíritu Santo.

Nuestro más grande honor es acoger a Aquel que anhela revelar y glorificar a Jesús. Y Jesús siempre señala al Padre. ¡Qué misterio, belleza y asombro!

MANTENER UNA ATMÓSFERA PARA ACOGER AL ESPÍRITU SANTO

Necesitamos mantener una atmósfera en nuestras vidas para acoger al Espíritu de Dios. Para ilustrar este punto, recuerda que Jesús advirtió acerca de las consecuencias eternas de blasfemar contra el Espíritu Santo. Dijo que podemos blasfemarlo a Él o al Padre y ser perdonados, pero no hay perdón para aquellos que blasfeman contra el Espíritu Santo (ver, por ejemplo, Lucas 12:10). Este es un gran misterio para mí, y mi objetivo no es alarmarte sino hacer hincapié en que esta imagen es clara: el Padre y el Hijo veneran al Espíritu Santo y nosotros también debemos hacerlo. No podemos profanarlo.

La vida del creyente se vive mejor recordando dos cosas importantes que estableció el Padre acerca del Espíritu Santo: no debemos contristar o entristecer al Espíritu Santo (ver Efesios 4:30) y no debemos apagar al Espíritu Santo (ver 1 Tesalonicenses 5:19). Lo entristecemos con conductas, actitudes, pensamientos y planes equivocados. Este mandato se basa en nuestro carácter. Lo apagamos cuando no cooperamos con Él y detenemos así el fluir de su Palabra y su poder en nuestras vidas. Este mandato se enfoca en la liberación de poder. Estas son las dos columnas sobre las que nos sostenemos: carácter y poder. Y una no es más importante que la otra.

El Espíritu Santo es delicado, Aquel con quien debemos tener más cautela y cuidado. Y, sin embargo, el Espíritu Santo es el que ha sido asignado para vivir en nosotros. Piénsalo: la humanidad quebrada, despreciada y llena de pecado se convierte en el lugar de morada de Aquel que es delicado (perdóname; no estoy seguro de que *delicado* sea la mejor palabra para usar, ya que podría insinuar debilidad, lo cual, por supuesto, no es el caso; pero espero que se acerque lo suficiente como para que entiendas lo que quiero decir). Digo esto para subrayar el impacto absolutamente exitoso de la sangre de Jesús aplicada a una vida, la cual restaura a esa persona al estado en el que se encontraba la humanidad en el jardín del Edén antes del pecado: un lugar en el que Dios puede habitar. Otro pensamiento importante con respecto a esto es que podemos saber lo mucho que Dios confía en nosotros al reconocer lo que Él nos ha confiado: nos ha confiado al mismísimo Espíritu Santo. Este hecho, por sí mismo, revela la confianza de Dios en el poder y la eficacia de la sangre de Jesús en nuestras vidas.

EL LLAMADO

A medida que recibamos el Espíritu de Dios (acogiéndolo en nuestro interior) y permanezcamos sometidos a Él (permitiendo que repose sobre nosotros), Él nos usará para llevar a cabo sus propósitos para el mundo. Vimos antes que las Escrituras dicen específicamente que Dios estaba con Jesús mientras Él llevaba a cabo su ministerio, haciendo obras milagrosas de sanidad y liberación. Una de las cosas más fascinantes que he descubierto en mi estudio de la Biblia es el hecho de que, cuando Dios le revelaba a alguien que Él estaba con él o ella, casi siempre era porque ese individuo tenía que realizar una tarea imposible. No se trata de que Dios está solo con nosotros para ayudarnos a hacer algo; esa idea no encaja mucho conmigo ya que sabemos que Dios nos persigue con el propósito de tener una relación con nosotros. Aun así, me parece que, mientras caminaba con Adán por el jardín, las cosas que Adán construiría y diseñaría seguramente eran al menos parte de su conversación.

Del mismo modo, sabemos que el Espíritu Santo está aquí para consolarnos, ayudarnos, enseñarnos y guiarnos. Todas estas cosas son ciertas y muy profundas. Pero, de nuevo, cuando Dios le dice a una persona: "Estaré contigo", ese mensaje casi siempre está asociado a una tarea que esa persona nunca podría llevar a cabo en lo natural. Moisés tuvo esa experiencia en la zarza ardiente cuando Dios lo llamó:

> *Entonces Moisés respondió a Dios: ¿Quién soy yo para que vaya a Faraón, y saque de Egipto a los hijos de Israel? Y él respondió: Ve, porque* **yo estaré contigo**.   (Éxodo 3:11-12)

Al leer este intercambio, podría parecer que Dios había ignorado la pregunta de Moisés: "¿Quién soy yo?", pero no lo creo. Para mí, es como si Dios le hubiera respondido al decir: "Tú eres aquel con quien yo quiero estar. Estoy dispuesto a ser conocido como tu Dios". Esta respuesta estaba conectada con la responsabilidad que le había sido entregada de sacar a Israel de Egipto y guiarlo a la "tierra de promesas". Por supuesto, esta tarea era imposible desde una perspectiva humana. Moisés debía llevar a un grupo de esclavos a una herencia que estaba más bien reservada para los reyes (aunque sacarlos de Egipto era mucho más fácil que sacar Egipto de su interior).

Josué recibió prácticamente la misma tarea que recibió Moisés. De hecho, Dios le dijo: *Nadie te podrá hacer frente en todos los días de tu vida;* **como estuve con Moisés, estaré contigo**; *no te dejaré, ni te desampararé* (Josué 1:5). Dios le encargó a Josué llevar a Israel a la tierra prometida, algo que Moisés, su predecesor, no pudo hacer. Y no se trataba simplemente de entrar en una tierra deshabitada y reclamarla como propia. No, la tierra estaba ocupada por gente más grande, más fuerte y más numerosa que los israelitas. Dios mismo dijo que los ejércitos de los enemigos eran mejores que los ejércitos de Israel (ver Deuteronomio 7:7). Imagino que no fue muy alentador escuchar a Dios decir eso. Pero el Señor dijo que estaría con Josué. Ese simple hecho pesaba más que cualquier otra amenaza en contra de los israelitas. Dios es el factor X.

Más adelante, el Señor habló palabras similares a Gedeón donde le asegura que estaría con Él, y vemos que esas palabras estaban una vez más ligadas a una tarea:

Entonces le respondió [Gedeón]: Ah, señor mío, ¿con qué salvaré yo a Israel? He aquí que mi familia es pobre en Manasés, y yo el menor en la casa de mi padre. Jehová le dijo: **Ciertamente yo estaré contigo,** *y derrotarás a los madianitas como a un solo hombre.* (Jueces 6:15-16)

Gedeón debía guiar al pueblo de Dios a la victoria sobre las naciones vecinas que se habían burlado constantemente del pueblo de Dios. Habían maltratado y saqueado a los israelitas, obligándolos a esconderse y permanecer sumidos en la vergüenza. El sentimiento de valía del pueblo de Israel había sido resquebrajado. En ese contexto, Dios llamó a Gedeón a ser su libertador, le dijo que estaría con él. Gedeón se sentía tan abrumado por esta tarea que necesitó una confirmación tras otra de que había escuchado bien a Dios.

En el Nuevo Testamento, cuando Jesús se apareció a los once discípulos restantes después de su muerte y resurrección y les dio la tarea que daría sentido a sus vidas, les dijo que Él estaría con ellos:

Por tanto, id, y haced discípulos a todas las naciones, bautizándolos en el nombre del Padre, y del Hijo, y del Espíritu Santo; enseñándoles que guarden todas las cosas que os he mandado; **y he aquí yo estoy con vosotros todos los días, hasta el fin del mundo.** (Mateo 28:19-20)

Esos primeros discípulos (y todos los discípulos futuros) recibieron una tarea: "haced discípulos a todas las naciones". Es posible que esta sea la tarea más abrumadora que se la haya dado a alguien jamás. Como creyentes, todos nosotros heredamos este mandato. Nos corresponde tanto como les correspondía a los primeros once. Pero lo único que hace que esta tarea sea posible es el hecho de que Dios *está con nosotros*. En este punto, es vital que recordemos que Dios nos da la capacidad de hacer lo que nos ordena que hagamos.

VIVIR EN EL PODER DEL ESPÍRITU

Espero que a estas alturas el punto sea obvio: cuando Dios muestra que está con alguien, es porque espera que se haga algo imposible. Es la naturaleza del evangelio. Es la naturaleza de nuestro Padre. El evangelio nos invita a operar más allá de las habilidades humanas a través del poder del Espíritu Santo. Y el Padre es quien se asegura de que su requisito de invadir lo imposible sea posible. Cuando Dios demuestra que está con alguien, es como si todo el cielo se alineara para ver qué conquistaremos en su nombre.

Sabemos que no podemos hacer nada sin Jesús. La gran tragedia es que hemos aprendido a no hacer nada *con* Él. Pero esa paradoja está cambiando en este mismo instante a medida que Dios está dando a conocer su "misión de presencia" de manera clara.

La realidad del poder del Espíritu moviéndose sobre el pueblo de Dios se muestra a lo largo de las Escrituras tanto en el Antiguo como el Nuevo Testamento. La presencia del Espíritu Santo sobre Jesús fue lo que hizo que lo milagroso no solo fuera posible, sino también lógico. Era de esperar que las imposibilidades de la vida se postraran ante el Espíritu de Dios que reposaba sobre el Hijo de Dios. La luz del poder de Dios es infinita. La oscuridad, junto con sus manifestaciones de aflicción y tormento, es finita. Donde sea que el Espíritu Santo demuestre la majestad absoluta de Jesús, victoria y libertad son el resultado.

PARTE 2

NUESTRO AYUDADOR

6

EL TOQUE SUPREMO

Jesús les dijo a sus discípulos: *Pero les digo la verdad: es mejor para ustedes que yo me vaya. Porque si no me voy, el Defensor no vendrá para estar con ustedes; pero si me voy, yo se lo enviaré* (Juan 16:7, DHH). Que el Espíritu Santo sea nuestro Defensor o Ayudador significa que nos capacita para cumplir nuestro propósito y nuestro potencial como miembros redimidos de la familia de Dios. La colaboración celestial que está a nuestra disposición se lleva a cabo por completo en nuestra relación con Él. Esto, entonces, es el pináculo de la creación de Dios de nosotros como sus colaboradores: Dios mismo viviendo en nosotros, capacitándonos para entrar en la plenitud de nuestro propósito en Él. Y, como veremos, nuestra relación con Él tiene implicaciones profundas para nuestras relaciones con nuestros familiares, otros creyentes, y las personas que nos encontramos cada día.

La lista de los atributos y roles del Espíritu Santo es interminable porque estamos hablando de la naturaleza del Eterno, Aquel ilimitado en santidad, bondad, belleza y maravilla. El querido Espíritu Santo nos llena y nos ayuda en muchos aspectos. En los capítulos siguientes exploraremos con más profundidad lo que significa que el Espíritu es nuestro Defensor y Ayudador, al igual que algunas áreas concretas en las cuales nos ayuda: capacitándonos, intercediendo por nosotros, declarándonos verdad y sabiduría, permitiéndonos oír la voz del Padre, inspirándonos con una creatividad única para el reino, y produciendo su fruto y sus dones en nosotros para que no haya nada "rutinario" y mundano con respecto a nuestra vida en Cristo.

EL AYUDADOR COMPLETA LO QUE FALTA

Regresar al relato de la Creación en Génesis nos ayudará a comprender mejor lo que Dios quería cuando dijo que el Espíritu Santo es nuestro Defensor o Ayudador. Sabemos que Dios caminaba con Adán en el jardín en el frescor de la tarde, y su compañerismo era alegría y dicha. El mundo en el que vivía Adán era la perfección absoluta; sin embargo, mientras Adán seguía viviendo en esa dicha, fue cuando el Padre dijo: *No es bueno que el hombre esté solo; le haré **ayuda** idónea para él* (Génesis 2:18). Entonces Dios hizo a Eva de una de las costillas de Adán para ser su esposa (ver vv. 21-22). En su sabiduría, el Padre vio que, aunque todo era perfecto y bueno en la vida de Adán, todavía no estaba *completo*, ya que no podía alcanzar su potencial si permanecía solo como un ser humano. Eva fue la culminación de la creación de Dios.

Cuando Dios creó a Eva, sin duda no quiso dar a entender que Él era en cierto modo ineficaz o carente en su capacidad de satisfacer las necesidades de un Adán relacional, o que Él mismo no era "suficiente" para Adán. La comunicación y el compañerismo entre Dios y Adán eran, en sí mismos, perfección. En cambio, por diseño de Dios, la capacidad de Adán era tan grande que tener una relación con alguien a su propia semejanza mejoraría su caminar con Dios. Dios entonces "se ocultaría" dentro de la relación entre esposo y esposa, de tal modo que Él mismo sería glorificado: directamente por medio de su relación individual con Adán (y Eva), e indirectamente por medio del trato de Adán hacia su esposa y el valor que le dio.

Jesús afirmó que al final de los tiempos nos dirá: *En cuanto lo hicisteis a uno de estos mis hermanos más pequeños, a mí lo hicisteis* (Mateo 25:40). En este pasaje, hace hincapié en que Él honrará a quienes visitaron a otros en la cárcel o dieron un vaso de agua en su nombre a alguien que tenía sed (ver Mateo 25:31-44). Enseñó y modeló Él mismo tales actos de bondad, y reveló que Dios esencialmente se oculta a sí mismo en el quebranto de la humanidad, de modo que cada acto de compasión en el que participamos *es como hacerlo al propio Jesús*. Si Dios se toma personalmente nuestro trato hacia "uno de estos más pequeños", piensa en cuánto más lo celebra cuando honramos y valoramos adecuadamente a las personas que son más importantes en nuestras vidas. Para Adán, Eva sin duda calificaba para ese estatus; por lo tanto, conocer y honrar a Eva era otra manera en que Adán llegaba a conocer y honrar a Dios. En un sentido muy real, Dios se ocultó en Eva por causa de Adán, y se ocultó en Adán por causa de Eva. Algunos de nuestros mayores descubrimientos acerca de Dios han de encontrarse en las personas que Él coloca en nuestras vidas. Y, del modo en que aprendemos a recibir de otras personas y servirles en el nombre de Jesús, aprendemos más acerca de cómo el Espíritu Santo se coloca a nuestro lado para ser nuestro defensor y ayudarnos.

> *DIOS ESENCIALMENTE SE OCULTA A SÍ MISMO EN EL QUEBRANTO DE LA HUMANIDAD, DE MODO QUE CADA ACTO DE COMPASIÓN EN EL QUE PARTICIPAMOS ES COMO HACERLO AL PROPIO JESÚS.*

EL AYUDADOR NOS EMPODERA

Cuando el Padre dijo que daría una esposa a Adán, la describió usando la palabra "ayuda". La expresión que se ha usado con frecuencia en la Iglesia para el papel de Eva es *ayudadora* o *compañera*. A lo largo de los años he oído muchas enseñanzas y comentarios sobre estas palabras, pero, aunque esas explicaciones tal vez tenían buenas intenciones, miserablemente fallaban el blanco. A través de la historia, la palabra *ayudadora* se ha utilizado para describir el papel "subordinado" o servil de una esposa hacia su esposo. Una traducción tan mala de la palabra solamente ha añadido leña al fuego de la ignorancia implicada en no permitir ministrar a las mujeres.

Eva no era menos que Adán, y no había competencia entre ellos. Eva era igual a Adán y complementaria para él. De igual manera, las mujeres no ocupan un papel subordinado o servil hacia los hombres, para ser controladas o dirigidas como si carecieran de la espiritualidad para discernir por sí solas. Algunas personas enfocan esta idea de "ayudadora" como si fuera el castigo de Dios a Eva porque fue la primera en comer del fruto prohibido. Eso es una necedad.

Incluso el concepto de *sumisión*, que ha sido malinterpretado en nuestros tiempos y aplicado a las mujeres de modo similar, es el plan del cielo para darnos acceso a una fortaleza personal y colectiva multiplicada (ver, por ejemplo, Efesios 5:18-21). Una mujer casada es una ayudadora para su esposo (no para los varones de toda la raza humana) del mismo modo que Dios es un ayudador para su pueblo. En el Antiguo Testamento, a Dios se le llama la "ayuda" de Israel varias veces (ver, por ejemplo, Deuteronomio 33:29, NVI, Salmos 33:20). Al ser la ayuda de Israel, Dios no abdicó del trono para convertirse en menos que un humano. Al combinar las palabras hebreas para "ayuda idónea" (Génesis 2:18), este hermoso término significa básicamente "uno capacitado para estar cara a cara con otro, compensando todo lo que pueda faltar".[6] Comprendemos esta idea por lo que respecta a nuestra relación con Dios. Él compensa lo que falta en nosotros. Eso es muy cierto; pero también es cierto en las relaciones matrimoniales que cada uno de los cónyuges ayuda a compensar lo que falta en el otro.

Cuando la palabra hebrea traducida como "ayuda" en Génesis 2:18 se utiliza con respecto a Dios en otros lugares en el Antiguo Testamento, por

---

6. "Genesis 2:18", NASB Lexicon, Bible Hub, https://biblehub.com/lexicon/genesis/2-18. htm; Jeff A. Benner, "What Is a Help Meet?", Ancient Hebrew Research Center, https://www.ancient-hebrew.org/studies-interpretation/what-is-a-help-meet.htm.

lo general atañe a que Él envía fuerza militar para ayudar a su pueblo en una crisis. Consideremos esta idea la próxima vez que reflexionemos sobre las esposas y su papel. En un matrimonio, una esposa es la "estrategia militar" asignada por Dios para ayudar al hogar en la victoria de maneras que con frecuencia no están al alcance del esposo. Y viceversa: el esposo debe ayudar a la esposa en conquistas eternas, llevando el hogar a la victoria. Su papel resulta más fácil verlo cuando miramos el papel de Jesús con la Iglesia: su esposa (ver, por ejemplo, Efesios 5:31-32).

La unidad en Dios entre esposo y esposa es, en sí misma, una herramienta militar espiritual para obtener victoria para la gloria de Dios. Tal vez por eso el apóstol Pedro advirtió a los esposos que tratar a sus esposas sin honor o sin un corazón comprensivo sería un obstáculo para sus oraciones (ver 1 Pedro 3:7). El modo en que tratamos a las personas afecta el fruto de nuestra vida de oración. Hablando en términos prácticos, eso significa que perdemos nuestra conexión de influencia ante Dios que da fruto testificando de nuestra relación con Él. Si el esposo entendiera que, en su esposa, Dios ha levantado a alguien para compensar lo que a él le falta, de manera similar a como el propio Dios compensa lo que falta en las vidas de su pueblo, esa perspectiva ayudaría a muchos matrimonios.

La ilustración tangible de la relación entre esposo y esposa que nos da la Biblia es en última instancia una imagen del Espíritu Santo (el prometido a quien Jesús llamó "Defensor" o "Ayudador") y su relación con el pueblo de Dios. Él es quien está con nosotros cara a cara, asegurando que alcancemos la plenitud de todo lo que Dios quiso.

A este respecto, recordemos que todo avance en la vida que experimentamos llega con bendiciones/recompensas y también con potenciales peligros. Nuestras relaciones con los demás ilustran de manera perfecta esta realidad. Tener relaciones humanas saludables puede ser la mayor bendición de nuestras vidas; sin embargo, manejarlas incorrectamente puede producir mucho sufrimiento. Quiero expresar lo que probablemente sea una conclusión demasiado simplista, y espero que aun así nos sirva bien en este contexto: nuestra relación con Dios nunca debe ocupar el lugar de nuestras relaciones con otras personas. De igual modo, nuestras relaciones con otros nunca deben ocupar el lugar de nuestra relación cada vez más profunda para conocer a Dios.

Aunque Jesús enseña que Dios considera que es un servicio a Él cuando servimos y honramos a otros en su nombre, también advierte que no deberíamos amar a nuestros familiares y amigos más de lo que lo amamos a Él. Dice que todo el que hace eso no es digno de Él (ver Mateo 10:37). Esta afirmación de juicio es para quienes colocan a las personas por delante de su relación con Dios. Con frecuencia, el temor al hombre está detrás de ese valor mal colocado. Como Jesús hizo esa advertencia, sabemos que es posible amar a las personas más de lo que amamos a Dios. También sabemos (por lo que enseñó el apóstol Juan) que si decimos que amamos a Dios pero aborrecemos a nuestro hermano, entonces somos mentirosos (ver 1 Juan 4:20). La conclusión es que es posible amar a las personas más que a Dios, pero es imposible amar a Dios sin amar a las personas.

Por lo tanto, tener relación con Dios y también con otras personas es esencial si queremos cumplir la razón de nuestra existencia y ser completados por los demás de maneras profundas. Vivir de este modo nos capacitará para conocer plenamente a Dios como nuestro Ayudador supremo, a la vez que permitimos que otras personas, incluido nuestro cónyuge, actúen como apoyos esenciales y complementarios en nuestras vidas. Si pudiéramos ver más allá de lo obvio, reconoceríamos que Dios con frecuencia se revela a sí mismo a nosotros por medio de otras personas. Necesitamos estar alerta a cómo actúa el Espíritu Santo de este modo. Repito que la belleza de este misterio es que Dios con frecuencia se ocultará tras nuestras sencillas interacciones con familiares, amigos, e incluso desconocidos. Mantener nuestro asombro de Dios nos ayuda a beneficiarnos de esos encuentros con personas de maneras que en ocasiones igualan los momentos importantes que tenemos con Dios en adoración y oración.

Hemos visto que, como nuestro Defensor y Ayudador, Dios pelea por su pueblo. El Espíritu Santo usa todas las herramientas en su arsenal para acercarnos al Padre y conformarnos a la imagen de su Hijo Jesucristo. Y una de las maneras concretas en que el Espíritu hace eso es intercediendo por nosotros y guiándonos en nuestras propias oraciones.

ORACIÓN DEL REINO

Estoy seguro de que si Jesús estuviera sentado delante de ti, tú (igual que yo) querrías que Él te enseñara muchas cosas, porque este mundo nunca ha visto a un maestro como Él. Su percepción del Padre y su corazón me impactan profundamente. Yo querría conocer más sobre esos aspectos. Me encantaría saber lo que Él estaba pensando justo antes de caminar sobre el agua durante una tormenta feroz (ver, por ejemplo, Mateo 14:22-33) o cómo supo que la niña que había muerto volvería a vivir cuando Él la tomó de la mano y le dijo que se levantara (ver Marcos 5:21-24; 35-43). Sería asombroso oírlo hablar sobre el cielo. Eso me fascina muchísimo. Y ¿cómo se manifestaba a Él la voz de Dios? La mayoría de nosotros probablemente podríamos escribir un libro lleno de preguntas para las que nos gustaría tener respuestas y conocimiento que nos encantaría aprender del mayor Maestro que haya vivido jamás. Y, sin embargo, quienes siempre estaban con Él, quienes estaban más familiarizados con su vida y su ministerio, solamente pidieron que les enseñara una cosa: cómo orar. Comprender lo que Jesús enseñó sobre la oración nos ayudará a que nuestras oraciones estén en consonancia con la voluntad de Dios y la dirección del Espíritu Santo.

Aconteció que estaba Jesús orando en un lugar, y cuando terminó, uno de sus discípulos le dijo: Señor, enséñanos a orar, como también Juan enseñó a sus discípulos. Y les dijo: Cuando oréis, decid: Padre nuestro que estás en los cielos, santificado sea tu nombre. Venga tu reino. Hágase tu voluntad, como en el cielo, así también en la tierra. El pan nuestro de cada día, dánoslo hoy. Y perdónanos nuestros pecados, porque también nosotros perdonamos a todos los que nos deben. Y no nos metas en tentación, mas líbranos del mal. (Lucas 11:1-4)

La respuesta de Jesús a esta petición fue enseñar a sus seguidores "la Oración de los Discípulos" (este me parece un título más apropiado que "el Padrenuestro", ya que es un modelo para nosotros). No creo que Jesús recitara esta oración una y otra vez cuando oraba toda la noche en el monte (ver, por ejemplo, Lucas 6:12-16). Tampoco creo que les estuviera dando a sus discípulos una oración que limitaría la expresión de sus corazones al

Padre, creando así una rutina religiosa. En realidad, me encanta hacer esta oración en la versión de Mateo (ver Mateo 6:9-13); sin embargo, según mi modo de pensar, esta oración se nos dio para destacar cuáles son las prioridades adecuadas que necesitamos tener en mente siempre que nos acercamos al Padre. Más concretamente, vemos las siguientes prioridades en la oración que Jesús enseñó: adorar al Padre, orar para que la realidad del cielo invada la tierra ahora, reconocer la necesidad de provisión, aceptar un compromiso de vivir un estilo de vida de perdón, y entender que estamos en una batalla espiritual y, por lo tanto, pedir protección.

Estos son los puntos destacados de la oración intencional. Representan las necesidades básicas de todo creyente. Debemos usarlas como una guía a medida que permitimos que el Espíritu Santo nos dirija en nuestras oraciones; sin embargo, aunque seguir este enfoque en nuestras oraciones es importante y eficaz, hay mucho más que necesitamos conocer y hacer, y es ahí donde de nuevo nuestro Ayudador compensa lo que nos falta.

En Juan 14–16, Jesús revela la característica más importante de nuestro diseño a imagen de Dios: con el Espíritu Santo viviendo en nosotros, estamos en condiciones de pedir cualquier cosa y nos será concedido (ver Juan 15:7). Podemos orar para que todos los aspectos del reino celestial de Dios vengan a la tierra y verlos cumplidos mediante el poder de su Espíritu. Lo que me resulta interesante es que en esos tres capítulos donde Jesús promete a sus discípulos cuatro veces que sus deseos serán cumplidos (ver Juan 14:13-14; 15:7, 16; 16:23-24), también afirma que el Espíritu Santo se llama el Defensor (Ayudador) y que el Padre se lo dará (ver Juan 14:16, 26; 15:26; 16:7). Este título para el Espíritu se menciona cuatro veces en estos tres capítulos. No creo que sea una coincidencia. Cuatro veces se invita a los discípulos a pedir lo que quieran, y les será hecho. Y cuatro veces se describe al Espíritu Santo como el Ayudador.

Soñar en grande se supone que es el resultado de nuestra relación de entrega al Espíritu Santo y su influencia en nuestro futuro. Jesús es quien dijo: *Si permanecen en mí y mis palabras permanecen en ustedes, pidan lo que quieran y se les concederá* (Juan 15:7, NVI). ¿Es humildad por nuestra parte orar "no se haga mi voluntad, sino la tuya" (Lucas 22:42) en esta situación? ¿Es humildad decir: "Dios, no quiero otra cosa sino a ti. Solo quiero que se haga tu voluntad"? Antes de que respondas, considera otra vez que cuatro veces en tres capítulos Jesús les dice a sus discípulos que cualquier cosa que deseen les será hecha. En Juan 16:24 dice: *Pedid, y recibiréis, para que vuestro gozo sea cumplido.* Recibir respuestas a nuestras oraciones y deseos es la clave para la plenitud de gozo. El camino hacia tal importancia en la oración es aprender a orar la voluntad de Dios. En ese proceso somos moldeados, ¡tanto que Él quiere oír nuestra voluntad! Sin duda, es una invitación que da miedo y, sin embargo, es parte del misterio y la paradoja de la vida del evangelio en la que morimos para vivir (ver, por ejemplo, Juan 12:24-25) y nos humillamos para ser enaltecidos (ver, por ejemplo, Lucas 14:11).

SOÑAR EN GRANDE SE SUPONE QUE ES EL RESULTADO DE NUESTRA RELACIÓN DE ENTREGA AL ESPÍRITU SANTO Y SU INFLUENCIA EN NUESTRO FUTURO.

Estos versículos que hablan de recibir lo que pedimos nos parecen estupendos sobre el papel, y por instinto sabemos que debemos vivir en humildad para representar bien a Jesús; sin embargo, si Él me ordena que le entregue mis deseos y yo no lo hago porque creo que eso parece egoísta, ¿se puede llamar eso obediencia? ¿Puede alguna vez la desobediencia ser considerada humildad? La invitación de Jesús a pedir lo que deseemos nos da una oportunidad de demostrar que su sentida presencia en nuestra vida, junto con el valor que le damos a su Palabra, es producir en nosotros deseos que lo mueven a Él. No aceptar la invitación a pedirle que cumpla nuestros deseos y ver que las cosas se hagan para su gloria, es aceptar la falsa humildad como una virtud.

A la mayoría de nosotros nos repugna la falsa expresión del evangelio que se muestra cuando personas levantan ministerios que en realidad son imperios personales, edificados en torno al placer egoísta, y los llaman la voluntad de Dios. Comprendo esa reacción a este error; sin embargo, si nuestras respuestas al error no están guiadas por el Espíritu Santo, con frecuencia crean otros errores. En nuestros intentos de ser humildes podemos no llegar a ser las personas que Dios quiso que fuéramos. Eso no es humildad, porque evita el tipo de obediencia más desafiante: aquella que puede ser malinterpretada por nuestros críticos. El temor del hombre inspira a muchas personas a aceptar un evangelio anémico en nombre de la humildad y nunca llegar a ser lo que Dios quiso. Por lo tanto, el temor del hombre puede disfrazarse de sabiduría y de humildad.

Ha habido ocasiones, demasiadas para poder contarlas, en las que mi voluntad no era en lo más mínimo la voluntad de Dios. Aunque Él me invita a orar mi voluntad, se reserva el derecho a decir no a cualquier oración que socavaría mi diseño y mi propósito en Él. Él es un Padre demasiado bueno para ignorar su plan perfecto y en cambio rendirse a los que tenemos nosotros, que son ignorantes, equivocados o egoístas.

Jesús practicó este tipo de obediencia desafiante a Dios cuando, con doce años de edad, se quedó atrás en Jerusalén después de un peregrinaje familiar. Cuando José y María se dieron cuenta de que no estaba en su grupo y finalmente lo encontraron en el templo discutiendo las Escrituras con los maestros de la ley, Él les dijo: *¿No sabíais que en los negocios de mi Padre me es necesario estar?* (Lucas 2:49). ¿Y cuando Jesús se alejó de una multitud de personas espiritualmente hambrientas tras ministrarles y alimentarles con comida para subir a un monte a orar? (ver, por ejemplo, Marcos 6:33-46). Hemos hecho un buen trabajo a la hora de suavizar esta historia, pero si tú estuvieras entre aquella multitud de personas desesperadas que eran "como ovejas que no tenían pastor" (v. 34), y si tuvieras necesidades adicionales que querías que Jesús tratara, ¿cómo te habrías sentido cuando los despidió a ti y a todos los demás? ¿Y el hecho de que Jesús anunció a sus discípulos que iba a dejarlos para regresar al Padre? Parece bastante obvio que los discípulos no vieron esta noticia del modo que la veía Jesús (como algo beneficioso), al menos inicialmente. Por lo tanto, ¿no fue bastante egoísta por parte de Jesús alejarse de sus padres y desaparecer durante un viaje, despedir a multitudes, y dejar a sus discípulos para regresar al cielo? Por supuesto que sabemos que no fue egoísta porque estaba obedeciendo la guía del Espíritu Santo como cumplimiento de los propósitos de Dios, pero esa perspectiva es más fácil verla a este lado de la ecuación. Aunque no entendemos todo de los caminos de Dios cuando estamos en medio de una situación difícil o desconcertante, se nos pide que confiemos plenamente en Él y aun así pidamos lo que deseamos.

Sabemos que Jesús no fomentó un evangelio egoísta en el que usamos una varita mágica para que todos nuestros deseos se hagan realidad. Eso sería lo opuesto a todo lo que Él enseñó e ilustró. Y, sin embargo, al decirles a sus discípulos que pidieran lo que quisieran los llevó hacia algo que estaba mucho más lejos de su comprensión o su experiencia, algo mucho más allá del punto de referencia de gran parte de la historia de Israel. Aunque Dios llevó a cabo sus propósitos en su tiempo adecuado y su sabiduría, ¡seguía interesado en los deseos de ellos! Y este es el punto esencial que muchas veces pasamos por alto en nuestra relación con Dios.

Como mencioné anteriormente, sabemos que no podemos hacer nada sin Él, pero nuestro problema es que hemos aprendido a no hacer nada *con* Él por temor a equivocarnos. Es momento de que el Padre se revele a través de un grupo de creyentes rendidos, cuyos sueños los lleven a lo imposible para la gloria de Dios.

EL AYUDADOR INTERCEDE POR NOSOTROS

El apóstol Pablo habla del tema de la oración eficaz en Romanos 8, que es para mí uno de los capítulos más satisfactorios y gratificantes en toda la Biblia. Hay mucho que aprender de este capítulo, en especial en lo referente a la persona del Espíritu Santo. Pero el siguiente es el pasaje que me gustaría que examinemos:

> *Y de igual manera el Espíritu nos ayuda en nuestra debilidad; pues qué hemos de pedir como conviene, no lo sabemos, pero el Espíritu mismo intercede por nosotros con gemidos indecibles. Mas el que escudriña los corazones sabe cuál es la intención del Espíritu, **porque conforme a la voluntad de Dios intercede por los santos**… **Cristo** es el que murió; más aun, el que también resucitó, el que además está a la diestra de Dios, **el que también intercede por nosotros**. (Romanos 8:26-27, 34)*

Este es un pasaje extraordinario. Pablo reconoce que no sabemos lo que hacemos cuando oramos. Conocer nuestras prioridades en oración no es suficiente. Es casi como si Jesús, al querer responder la única petición de sus propios discípulos, diera el Espíritu Santo a los creyentes como el Maestro de la oración y la adoración. Sabemos que una de las principales influencias del Espíritu de Dios es la de un maestro. Y cuando hablamos en lenguas (en un lenguaje desconocido para el que el Espíritu Santo nos capacita), las lenguas pueden ser de oración o de adoración. Vemos esta combinación reflejada en Romanos 8. Aunque yo no creo necesariamente que los "gemidos" del Espíritu de los que Pablo habla en este pasaje sean lo mismo que orar en lenguas, sí creo que son una descripción del Espíritu Santo orando mediante un creyente entregado. En Gálatas, Pablo hace una afirmación radical que creo que se refiere a la oración intercesora: *Queridos hijos, por quienes vuelvo a sufrir dolores de parto hasta que Cristo sea formado en ustedes* (Gálatas 4:19, NVI). Los "dolores" de los que habla este versículo son una imagen de oración profunda. Implica gemidos: algo más allá de las palabras.

No puedo pretender entender todo esto, pero puedo deleitarme en ello. Consideremos cuán extraordinario es que el Espíritu Santo y Jesús oren. ¡Y ellos oran por nosotros!

Ahora, examinemos el versículo que está entre los que describen a los dos grandes intercesores: Jesús y el Espíritu Santo: *Y sabemos que a los que aman a Dios, todas las cosas les ayudan a bien, esto es, a los que conforme a su propósito son llamados* (Romanos 8:28). Con razón "todas las cosas les ayudan a bien". Nuestro Defensor legal y nuestro Redentor se presentan delante del Padre, ¡abogando por nuestro caso!

¿POR QUÉ NECESITAMOS ORAR?

Podríamos preguntar: si el Espíritu Santo y Jesús ya conocen la voluntad de Dios, entonces ¿por qué necesitan orar? Y si lo llevamos un paso más allá: ¿por qué necesitamos orar *nosotros*? Dios tiene todo el poder. Él es soberano y no necesita que nadie lo complete. Su voluntad es suprema, y puede hacer que suceda cualquier cosa que Él quiera que suceda. Pero ¿lo hará? Si Dios puede hacer que suceda cualquier cosa que Él quiera, ¿son una formalidad las oraciones del Espíritu Santo y de Jesús? ¿Se hacen solamente para darnos un ejemplo a seguir? ¿Son realmente necesarias?

Ante esas preguntas, yo no tengo respuestas que me sienta plenamente satisfecho de dar, a excepción de decir que si el Espíritu Santo y Jesús necesitan orar para que la voluntad del Padre se haga en la tierra, ¿cuánto más nosotros necesitamos orar para que se haga su voluntad?

Dios podría eliminar toda la maldad de la tierra, pero tendría que destruir a todos los pecadores en el proceso. Podría hacer que todos los seres humanos lo sirvieran, pero, para hacerlo, tendría que eliminar nuestro libre albedrío o hacer que todas las otras opciones en la vida fueran tan inmediatamente dolorosas para que lo escogiéramos a Él. Sin embargo, ese estado robótico en los seres humanos sería una deshonra para Él. Dios nos creó a todos a su imagen, con la capacidad de escoger por nosotros mismos.

Nuestras oraciones no son solamente las expresiones supremas de nuestra colaboración con Dios, sino que también son manifestaciones de nuestro libre albedrío, con el cual decidimos ponernos en consonancia con la voluntad de Dios. Muchas de las cosas que Dios desea nunca se harán sin las oraciones de su pueblo; por lo tanto, es una irresponsabilidad espiritual conocer la voluntad de Dios y suponer que se producirá simplemente porque Dios quiere. Él desea que todas las personas lleguen al arrepentimiento (ver 1 Timoteo 2:3-4), pero no todas llegan a ese punto. Las personas conforme a su corazón deben orar para que se cumplan los deseos de Dios (ver, por ejemplo, Hechos 13:22). Esta oportunidad es el regalo supremo de Dios: tener acceso a su trono en el nombre de Jesús para influir en lo que sucede en la tierra. Es una invitación que se nos ofrece a todos. Mi deseo más profundo es que respondamos al clamor divino, atravesemos la puerta abierta (Cristo Jesús) y oremos por medio del Espíritu Santo. Oremos para que el corazón de Dios sea manifestado más plenamente en la tierra. Escuchemos y oremos; miremos y oremos.

Leemos en Santiago 5:16 (NTV): *Confiésense los pecados unos a otros y oren los unos por los otros, para que sean sanados. La oración ferviente de una persona justa tiene mucho poder y da resultados maravillosos.* Este versículo está seguido por una referencia a las oraciones sinceras de Elías pidiendo lluvia (ver vv. 17-18). El punto es que las oraciones simbólicas reciben respuestas simbólicas. Las oraciones convenientes reciben respuestas convenientes. Pero la intercesión es un llamado a orar como si la vida dependiera de ello. Porque así es. Las oraciones fervientes tienen mucho poder.

Entonces, ¿por qué orar? Porque Jesús ora, y somos sus seguidores. Él es nuestro Maestro, nuestro Líder. ¿Podemos afirmar que lo seguimos a Él y no orar? (ver, por ejemplo, Mateo 10:24).

Entonces, ¿por qué orar? Porque el Espíritu Santo ora. Él nos guía y nos empodera. ¿Para qué? Para representar bien a Jesús en la tierra, demostrando su carácter, su poder y sus propósitos redentores. El Espíritu Santo es exactamente como Jesús, y siempre ora la voluntad perfecta de Dios. Él es quien examina la mente de Dios y tiene toda la información necesaria para guiarnos bien. Además, Él es quien, mediante la Palabra inspirada, nos ordenó "orad sin cesar" (1 Tesalonicenses 5:17). Así es ser guiados por el Espíritu y tener un estilo de vida de oración. Uno de los motivos por los que orar en lenguas es tan maravilloso es que, cuando lo hacemos, siempre estamos orando la voluntad perfecta de Dios porque Aquel que examina la mente de Dios ora por medio de nosotros.

Podrías pensar que si alguna vez Dios hubiera impuesto su voluntad de manera independiente para asegurarse de que ocurriera algo, habría sido en el nacimiento de Su Hijo. Y, sin embargo, vemos que antes de que Jesús naciera, Ana y Simeón oraron para que Dios enviara al Mesías (ver Lucas 2:25-38). Incluso el regreso de Cristo está siendo precedido de oración, y la Biblia dice: *Y el Espíritu y la Esposa dicen: Ven* (Apocalipsis 22:17, varias traducciones). Los momentos más importantes de la historia estuvieron precedidos de oración porque, por diseño de Dios, la oración es absolutamente necesaria para el cumplimiento de su voluntad.

Permíteme ilustrar este punto de esta manera: si yo soy el dueño de una casa y tú me estás rentando esa casa, yo no puedo entrar cuando quiera. Aunque legalmente es mía, debo tener tu permiso para entrar. De modo similar, el mundo es del Señor. Es todo suyo (ver, por ejemplo, Salmos 24:1), pero Él puso a los seres humanos a cargo de la tierra y no quebrantará su decisión o su autoridad delegada entrando en él sin que se lo pidan. Él entra cuando lo invitamos. Eso se llama oración. Es así como colaboramos con Dios para ver su propósito redentor revelado a este mundo. Igual que Jesús y el Espíritu Santo, así debemos orar.

Por lo tanto, el Espíritu Santo es la clave que nos lleva a cumplir el diseño de Dios para nosotros y obtener respuestas a la oración. Su oración a través de nosotros sin duda obtendrá las victorias para las que nacimos, ya que hay aspectos de la naturaleza del Padre que no serán revelados en la tierra aparte de los deseos cumplidos de su pueblo. Este diseño es el que lo revela a Él como el Padre celestial: nuestro Padre. El hecho mismo de que es el Espíritu *Santo* quien dirige este proceso asegura, mediante su influencia, que sean deseos santificados, nacidos de un pueblo santificado. Esta combinación es lo que nuestro planeta de huérfanos (quienes todavía no han llegado a conocer a su Padre celestial) anhela ver, aunque la mayoría de ellos no lo comprenden aún.

John Wesley dijo en una ocasión: "Dios no hace nada si no es como respuesta a la oración".[7] La oración es el modo en que mostramos nuestra responsabilidad de supervisar un planeta del cual Dios nos puso a cargo. Mediante la oración guiada y empoderada por el Espíritu Santo es como demostramos nuestra conexión con un Padre perfecto que anhela cumplir sus propósitos en un mundo quebrado.

---

7. John Wesley, *A Plain Account of Christian Perfection* (New Kensington, PA: Whitaker House, 2015), p. 127.

7

LA BELLEZA DE SU VOZ

Jesús es el Verbo de Dios hecho carne (ver Juan 1:14). Su propio ser lleva su mensaje, y Él tiene mucho que decir. Algunas veces habla mediante su voz, ya sea expresada de un modo suave y callado (ver 1 Reyes 19:12) que discernimos interiormente; mediante lo que pueden parecer coincidencias inusuales; en acertijos o parábolas; audiblemente; o de otras maneras. En ocasiones, Él habla por medio de su presencia manifiesta. Como el Verbo de Dios, no hay límite alguno en las maneras en que Él puede hablarnos. Tenemos que ajustarnos a Él y aprender cuándo y cómo habla. ¡Sospecho que estaremos haciendo eso por toda la eternidad!

Recordemos que cuando Jesús estaba en la tierra, cada una de sus acciones y sus palabras eran según la dirección del Padre y empoderadas por el Espíritu Santo. Ellos formaban una sinfonía divina, cada uno tocando su propia parte, y cada uno dando honra y deleite al otro. Era unidad, propósito y deleite perfectos.

Jesús ilustró de modo preciso al Padre mediante su vida entregada a Él, su obediencia radical a Él, y su valentía para cumplir la voluntad de Dios incluso hasta su muerte en la cruz. Como describí anteriormente, Él hizo todo eso viviendo en dependencia del Espíritu Santo; todo lo que Jesús hacía revelaba el corazón del Padre mediante la obra del Espíritu. Jesús afirmó: *El que me ha visto a mí, ha visto al Padre* (Juan 14:9). Ver a una persona de la Trinidad es verdaderamente ver a las tres. Reconocer esta realidad nos ayuda a divisar una mejor comprensión del Espíritu Santo. Se le puede ver en todo lugar donde se ve a Jesús.

LOS PENSAMIENTOS INMENSURABLES DE DIOS HACIA NOSOTROS

El Espíritu Santo viene a nosotros desde la eternidad con imaginaciones, sueños y planes ilimitados. Estos aspectos están más allá de toda inteligencia y genialidad humanas, están motivados por un corazón de amor por nosotros, y son medidos por la compasión y el afecto de Dios. Con sinceridad, sus pensamientos y sus planes están por encima de nuestra capacidad de experimentarlos plenamente, y mucho menos de comprenderlos. Repito que explorar este vasto universo llamado la mente de Dios tomará toda la eternidad.

Tales maravillas se exploran mejor mediante el corazón. Un corazón entregado recibe fácilmente y nunca es capaz de apoderarse de la gloria para sí mismo. La adoración verdadera es un lugar de rendición profunda, una respuesta a un Dios que siempre es bueno con nosotros. Como adorador, el rey David experimentó este profundo pozo espiritual, estableciendo un nuevo "punto cumbre" para la comprensión humana del corazón de Dios. Solamente parece correcto que el hombre conocido por ser "conforme al corazón de Dios" (ver 1 Samuel 13:14) fuera el que vio claramente el corazón de Dios por nosotros, descrito de modo impresionante en el Salmo 139.

David descubrió algo acerca de la realidad de los pensamientos de Dios hacia nosotros que es imposible de comprender totalmente, pero eso es parte de su belleza. Es el valor del misterio, la expresión ilimitada que proviene de un Padre perfectamente amoroso. Con frecuencia nos quedamos mirando al cielo, viendo las estrellas, la Vía Láctea, la luna, los meteoritos... todo ello contemplado con maravilla y al mismo tiempo nada de ello lo comprendemos totalmente. Si yo pudiera entender plenamente cualquier parte de la naturaleza y el propósito de Dios, Él en realidad no sería tan notable y digno de atención. Terminaría con un dios que tendría más o menos mi tamaño. Muy poco impresionante. Por otro lado, mediante el Espíritu Santo somos invitados a explorar los recursos inextinguibles del amor, las ideas y las promesas de nuestro Creador. David habló del vasto paisaje de pensamientos de Dios cuando dijo:

> *Porque tú formaste mis entrañas; tú me hiciste en el vientre de mi madre. Te alabaré; porque formidables, maravillosas son tus obras; estoy maravillado, **y mi alma lo sabe muy bien**. No fue encubierto de ti mi cuerpo, bien que en oculto fui formado, y entretejido en lo más profundo de la tierra. Mi embrión vieron tus ojos, y en tu libro estaban escritas todas aquellas cosas que fueron luego formadas, sin faltar una de ellas. ¡**Cuán preciosos me son, oh Dios, tus pensamientos!** ¡Cuán grande es la suma de ellos! Si los enumero, **se multiplican más que la arena**; despierto, y aún estoy contigo.* (Salmos 139:13-18)

Los pensamientos de Dios son más que grandiosos, y su importancia y significado no se pueden medir. Qué interesante es que nuestro hombre interior es más consciente de los pensamientos y los caminos de Dios de lo que a menudo pensamos. Por lo tanto, el salmista confiesa: *Y mi alma lo sabe muy bien*. Los pensamientos de Dios sobre nosotros sobrepasan los granos de arena de todas las playas de la tierra. Y considerando que hay aproximadamente unos 96 mil kilómetros de playas de arena en el planeta, estamos hablando de otro concepto incomprensible. Permítame ilustrar la magnitud de esta afirmación.

Si midiéramos unos dos centímetros cúbicos de playa de arena basados en un grano de arena de tamaño promedio, encontraríamos poco más de trescientos mil granos. Eso suma hasta cuatro mil millones de granos de arena en un pie cúbico.[8] Multipliquemos eso por los kilómetros de costa de una playa, con profundidades que varían desde unos centímetros hasta más de cien pies. Y entonces consideremos que hay unos 96 mil kilómetros de costas de arena en la tierra. Eso es mucha arena, que representa la magnitud de los pensamientos, ideas y sueños que Dios tiene por nosotros. Sin duda, podemos ver en esta ilustración que tomará toda la eternidad explorar y cumplir tales sueños. Según Jeremías, los pensamientos de Dios hacia nosotros son para nuestro bien, no son nuestro adversario: *Porque yo sé los pensamientos que tengo acerca de vosotros, dice Jehová, pensamientos de paz, y no de mal, para daros el fin que esperáis* (Jeremías 29:11). Es seguro decir que hemos estado por mucho tiempo en la mente de Dios. Cada persona que nace de nuevo puede anticipar la aventura única en la vida, explorando las profundidades de la mente de Dios hacia nosotros por toda la eternidad.

Nacer de nuevo es nacer del Espíritu Santo (ver Juan 3:5-6, 8). Incluso nuestra conversión es una muestra de su poder que obra maravillas, ya que es el poder real de la resurrección de Jesús el que nos hace una nueva criatura. Dirigir nuestros pensamientos para que sean consistentes con lo que Jesús ha hecho en nosotros es uno de los aspectos más importantes de nuestra vida cristiana, en especial porque nuestro pensamiento es la zona de nuestra vida que más veces ignoramos o abusamos. Pablo nos exhortó hacia este fin en Romanos 6:11: *Así también vosotros consideraos muertos al pecado, pero vivos para Dios en Cristo Jesús* . En otras palabras, a causa de la muerte y resurrección de Cristo, y a causa de lo que el Espíritu Santo ha hecho por todos nosotros que creemos, piensa de ti mismo de este modo: "Estoy muerto al pecado y vivo para Dios en Cristo Jesús". Los muertos no hacen ningún mal. Nuestros pensamientos han de ser moldeados,

---

8. "Coast", Britannica, actualizado 13 de julio de 2024, https://www.britannica.com/science/ coast#ref115982; "Taking Stock of the World's Sandy Beaches", Earth Observatory, NASA, https://earthobservatory.nasa.gov/images/92507/taking-stock-of-the-worlds-sandy-beaches; "How Many Grains of Sand Are in One Square Inch?" Respuestas, 17 de agosto de 2023, https://math.answers.com/other-math/How_many_grains_of_sand_are_in_one_square_inch; "How Many Sand Grains Is in a Cubit Foot?" Respuestas, 28 de abril de 2022, https://math. answers.com/other-math/How_many_sand_grains_is_in_a_cubic_ft.

formados y enseñados por lo que el Espíritu Santo ha hecho por nosotros, y esta mente renovada influirá en nuestras acciones.

EL BUSCADOR CELESTIAL

El mayor "buscador" del universo es el Espíritu Santo. Y la mayor reserva de información y perspectiva es la mente de Dios, la cual es, en sí misma, eterna e ilimitada en ámbito y siempre en expansión. El Espíritu Santo examina la mente del Padre, buscando pensamientos específicos que nos conformarán más a la semejanza de Jesús, con mayor fortaleza y fe. Nunca es la meta solo aumentar la seguridad en nosotros mismos, ya que el "yo" proporciona un progreso muy limitado, si es que ofrece alguno. Sin embargo, cuando recibimos la revelación de la mente de Dios para nosotros, descubrimos quiénes somos y quiénes Él nos ha hecho ser. Solamente aprender acerca de sus pensamientos sobre nosotros es liberador. Descubrimos nuestro yo verdadero cuando estamos en Cristo, en la revelación de quién es Dios. Y esa es nuestra fortaleza.

CUANDO RECIBIMOS LA REVELACIÓN DE LA MENTE DE DIOS PARA NOSOTROS, DESCUBRIMOS QUIÉNES SOMOS Y QUIÉNES ÉL NOS HA HECHO SER.

El apóstol Pablo habla de este tema en una carta a la iglesia de Corinto:

Antes bien, como está escrito: "Cosas que ojo no vio, ni oído oyó, Ni han subido en corazón de hombre, son las que Dios ha preparado para los que le aman". Pero Dios nos las reveló a nosotros por el Espíritu; porque el Espíritu todo lo escudriña, aun lo profundo de Dios. Porque ¿quién de los hombres sabe las cosas del hombre, sino el espíritu del hombre que está en él? Así tampoco nadie conoció las cosas de Dios, sino el Espíritu de Dios. Y nosotros no hemos recibido el espíritu del

mundo, sino el Espíritu que proviene de Dios, para que sepamos lo que
Dios nos ha concedido.   (1 Corintios 2:9-12)

Lo primero de lo que debemos tomar nota en este pasaje es la afirmación en el v. 9, donde se nos dice que lo que Dios ha preparado para nosotros ni siquiera entró en nuestra mente. Ni siquiera en nuestros mejores
o más extremos sueños nos hemos acercado ni un ápice a la maravilla y
la belleza de lo que Dios ha creado para nosotros. Pablo dice, entonces,
que Dios ha revelado estas cosas *por su Espíritu*. Lo que siempre ha estado
más allá del alcance del intelecto y la imaginación humanos está ahora al
alcance de cualquiera que aprende a oír la voz del Espíritu Santo. Habrás
oído la frase: "Es demasiado bueno para ser verdad". En nuestro caso: "Es
demasiado bueno, debe ser verdad".

El Espíritu Santo es el agente del misterio, y nos introduce a nuestro
propósito eterno de descubrir las cosas de Dios que ya nos han sido dadas
por herencia. El Espíritu intenta constantemente ayudarnos a recibir y utilizar nuestra herencia, que se manifiesta en mayor medida cada vez que Él
habla. Él siempre actúa en nosotros para la gloria de Dios.

¿DE QUÉ MANERAS HABLA DIOS?

Creo que cada uno de nosotros desearía oír a Dios mejor de lo que
lo hace. He observado varias veces que cuando alguien dice que quiere
oír mejor la voz de Dios, otra persona responderá: "Deja de mirar arriba.
Simplemente mira tu Biblia. Él habló mediante la Escritura". Y aunque creo
que esa es una respuesta acertada, ya que la Escritura es la base para todo lo
que oímos de Dios, no llega a responder el clamor del corazón de tener una
relación de interacción con un Padre que nos ama profundamente. Está
en nuestro ADN anhelar oír su voz de manera personal. Nuestra vida en
Cristo comenzó porque Él nos llamó individualmente hacia sí mismo, y
nosotros respondimos a ese llamado.

Vivimos porque Dios habla. La vida en la tierra comenzó con su voz.
Quien dio existencia al mundo con su voz nos ha llamado hacia sí mismo
y nos ha dado vida eterna. Si Dios no nos hubiera llamado a sí mismo, no

podríamos conocerlo. Por fortuna, Él nos habla a todos con mucha generosidad, diciendo: "todo el que quiera, venga" (ver Apocalipsis 22:17). Sin embargo, tener la fe para responder a su voz con el resultado de una rendición absoluta a Cristo comienza con una lucha interior para abandonar el pecado y seguir al Hijo de Dios. La fe para creer en Él para nuestra salvación llegó en el momento en que respondimos a su llamado, a su voz. Él nos amó primero; entonces nosotros lo amamos a Él. Él nos habló primero; entonces nosotros respondimos. Él inicia, nosotros recibimos o rechazamos.

Dios nos habla de diversas maneras, entre ellas con ideas sutiles en nuestra mente y comunicaciones fuertes o suaves. Veamos estos medios y después exploremos cómo podemos prepararnos mejor para oír su voz.

SUTILMENTE, EN NUESTROS PENSAMIENTOS E IMPRESIONES

La voz del Señor es con frecuencia una voz interior y familiar que introduce un pensamiento o una perspectiva que anteriormente no habíamos considerado. Por lo general, lo que llega a nosotros no es algo que nosotros mismos habríamos pensado. Solíamos decir medio en broma: "Sabes cuándo te habló Dios porque tienes una idea que es mejor que otra que tú mismo podrías pensar". Sin embargo, frecuentemente las personas se apropian el mérito de los pensamientos que reciben en tales momentos, creyendo que se tropezaron con una idea por accidente. No creo que ese error provenga tanto de la arrogancia como sí de la ignorancia. Simplemente no comprenden cuán sutil puede ser la voz de Dios. Él habla a nuestro hombre interior, entrelazando su mente con nuestras experiencias, nuestros entornos y sentimientos de un modo de lo más misterioso.

A menudo alguien dirá: "No puedo oír la voz de Dios, pero sí siento su paz". Pocas veces parecen entender que la paz que sienten *es* su voz. Como Él es el Verbo de Dios, su presencia es una manifestación de su voz. Ese concepto todavía no ha alcanzado nuestras mentes. Mi convicción personal es que Él frecuentemente deposita perspectivas en nuestro hombre espiritual que han de desarrollarse en las siguientes horas o días. Debemos aprender a mantenernos siempre tiernos hacia Dios, no solo cuando haya una crisis o una necesidad urgente.

DURANTE LA ADORACIÓN

La clave aquí está en acercarnos con afecto a Dios en adoración, sabiendo que durante nuestra adoración, Él está depositando profundamente en nuestros corazones los detalles de su Palabra. Entonces hará que esas verdades salgan a la superficie en el momento en que más se necesiten. El Espíritu Santo es el gran líder de adoración en el cielo, pues toda adoración es en espíritu (ver Juan 4:24). La adoración es una actividad del Espíritu Santo. Como tal, es una de las maneras más prácticas de aprender a reconocer su presencia y, al hacerlo, conocer su mente y su corazón. La expresión afectuosa de adoración es un modo de demostrar nuestra entrega a Dios mientras tenemos un encuentro con Él.

La dicha, el agrado perfecto y la unión entre los adoradores y Dios podrían quedar mejor representados por el significado de una de las palabras griegas para *adoración* que se utilizan en el Nuevo Testamento: "besar hacia".[9] Da a entender una respuesta afectuosa hacia Dios. Tenemos el claro privilegio de ministrar a Dios directamente. Un sacerdote, la posición a la cual son llamados todos los creyentes del Nuevo Testamento (ver, por ejemplo, Apocalipsis 1:5-6), es alguien que ministra directamente al Señor. Yo creo que por ese motivo se han escrito muchos cantos en los treinta últimos años que hablan directamente *a* Dios, no solo *sobre* Él, o incluso sobre conceptos importantes en teología, aunque esos dos aspectos son también importantes. Ministrar a Dios implica una relación personal, incluso cuando estamos en medio de un grupo.

Por lo tanto, algunas veces oímos la voz del Señor mediante pensamientos, ideas o impresiones inspiradas, ya sea durante el curso de nuestra vida diaria o en nuestros tiempos de oración o adoración. Puede que este no sea un medio tan directo de comunicación como podríamos desear; sin embargo, Dios tiene acceso a todo en nuestro presente, pasado y futuro, y usará todo ello para llevar a cabo sus propósitos en nosotros.

Cuando las personas comprenden que lo que creían que era su idea, en realidad vino de Dios, eso fortalece inmensamente su fe. Saber que oyes de Dios es más alentador y satisfactorio que pensar que todo viene de ti

---

9. *Strong's*, G4352, Blue Letter Bible Lexicon, https://www.blueletterbible.org/lexicon/g4352/kjv/tr/0-1/.

porque eres un genio con ideas creativas. Incluso donde participa la genialidad natural, también está Dios. Es mucho más gratificante ver cómo encajamos en el cuadro general de colaborar con Dios que cumplir las demandas de nuestro ego. Saber que hemos oído la voz de Dios es, al mismo tiempo, aleccionador y alentador. Es otra de esas aparentes contradicciones, o paradojas, que existen solamente en el reino de Dios.

AUDIBLEMENTE

Dios también puede hablarnos de forma audible en ocasiones. Esta forma de comunicación es mucho menos común, pero sí ocurre. Yo he oído la voz audible de Dios dos veces. Es inconfundible e imposible de pasar por alto, aunque puede que necesitemos discernir lo que estamos oyendo. Un ejemplo bíblico de ello es cuando Dios habló al profeta Samuel cuando era solamente un muchacho:

> *El joven Samuel servía al Señor en presencia de Elí. La palabra del Señor escaseaba en aquellos días, las visiones no eran frecuentes. Y aconteció un día, estando Elí acostado en su aposento (sus ojos habían comenzado a oscurecerse y no podía ver bien), cuando la lámpara de Dios aún no se había apagado y Samuel estaba acostado en el templo del Señor donde estaba el arca de Dios, que el Señor llamó a Samuel, y él respondió: Aquí estoy. Entonces corrió a Elí y le dijo: Aquí estoy, pues me llamaste. Pero Elí le respondió: Yo no he llamado, vuelve a acostarte. Y él fue y se acostó. El Señor volvió a llamar: ¡Samuel! Y Samuel se levantó, fue a Elí y dijo: Aquí estoy, pues me llamaste. Pero él respondió: Yo no he llamado, hijo mío, vuelve a acostarte. Y Samuel no conocía aún al Señor, ni se le había revelado aún la palabra del Señor. El Señor volvió a llamar a Samuel por tercera vez. Y él se levantó, fue a Elí y dijo: Aquí estoy, pues me llamaste. Entonces Elí comprendió que el Señor estaba llamando al muchacho. Y Elí dijo a Samuel: Ve y acuéstate, y si Él te llama, dirás: «Habla, Señor, que tu siervo escucha». Y Samuel fue y se acostó en su aposento.* (1 Samuel 3:1-9, LBLA)

Dios habla de otras maneras incontables; sin embargo, estas tres (oír de Dios sutilmente en nuestros pensamientos, recibir de Él mediante la adoración, y oír su voz de modo audible) son suficientes por ahora al continuar con nuestro viaje relacional con el Espíritu Santo.

PREPARAR NUESTRO CORAZÓN PARA OÍR A DIOS

¿Cómo preparamos nuestro corazón para oír lo que Dios nos está diciendo mediante el Espíritu Santo? Podemos hacerlo de las siguientes maneras: buscando activamente lo que Él desea compartir con nosotros; anticipando su voz; reflexionando en lo que Él ya nos ha revelado; viviendo en su reposo en lugar de permitir que el pecado, la ansiedad o distracciones obstaculicen su voz; y recibiendo sus palabras incluso cuando nos resulten algo confusas y no comprendamos totalmente su significado.

BUSQUEMOS LO QUE DIOS HA OCULTADO PARA NOSOTROS

Es gloria de Dios encubrir una cosa, pero la gloria de los reyes es investigar un asunto. Salomón hizo esta declaración en Proverbios 25:2 (LBLA). La parte hermosa de esta realidad es descubrir que Dios encubre cosas *para* nosotros, no *de* nosotros. Están ahí para investigarlas. La segunda parte del versículo dice que es la gloria de los reyes "investigar un asunto". En otras palabras, nuestra realeza en Cristo nunca se manifiesta más claramente que cuando vivimos con la comprensión de que los misterios del reino de Dios están ahí para que los descubramos. Tal vez podríamos decirlo de este modo: el músculo de la realeza se desarrolla mediante su uso al investigar los misterios de Dios. Estos misterios son las cosas que Él ha apartado para que las descubramos. Es el corazón aventurero de un niño el que mejor representa la realeza en el reino de Dios. Los niños siempre están buscando más. *No temáis, manada pequeña, porque a vuestro Padre le ha placido daros el reino* (Lucas 12:32).

> NUESTRA REALEZA EN CRISTO NUNCA SE MANIFIESTA MÁS CLARAMENTE QUE CUANDO VIVIMOS CON LA COMPRENSIÓN DE QUE LOS MISTERIOS DEL REINO DE DIOS ESTÁN AHÍ PARA QUE LOS DESCUBRAMOS.

ANTICIPA SU VOZ

Hace varios años atrás, mi nieto Judah (que tenía solo cinco años entonces) fue con su mamá, mi hija Leah, y le dijo: "Tendrás una bebé, y la llamarás Bella". Lo que Leah y su esposo Gabe no le habían dicho era que, aunque ya tenían dos hijos varones maravillosos, querían tener otro hijo; esperaban que fuera una niña, y el nombre que habían elegido para ella era Isabella. Leah descubrió poco después que estaba embarazada. Ella y Gabe llevaron con ellos a Judah cuando fueron a hacerse una ecografía. Mientras hacía la ecografía, la enfermera preguntó si querían saber el sexo del bebé. ¡Dijeron que sí! Ella les dijo que indudablemente era una niña. Tanto Gabe como Leah se alegraron con emoción, mientras que Judah no mostró ninguna emoción. Le dijeron: "Judah, ¿lo oíste? Es una niña". A lo cual él respondió casi con indignación: "Mamá, ya te dije que era una niña".

Más adelante, Gabe se sentó con Judah y le preguntó cómo había sabido eso. Su respuesta fue que Dios se lo dijo. Gabe le dijo: "Ya lo sé; pero ¿cómo te habló?". Su respuesta fue brillante y muy cierta: "A veces Dios habla muy fuerte, y otras veces habla muy quedito. Esta vez fue muy quedito". Esta perspectiva vino de un niño de cinco años que estaba abierto a oír la voz de Dios.

Yo he oído el susurro de la voz de Dios en incontables situaciones. Y estoy seguro de que muchas veces la pasé por alto, en ocasiones por mi decisión de hacer mi propia voluntad, y otras veces por la ansiedad o el temor que dominaba el momento. Con frecuencia, el susurro de la voz de Dios ha de ser anticipado para poder oírlo. Es muy fácil pasarlo por alto o convencerse a uno mismo de que esa impresión no vino de Dios. Como las palabras se convierten en presencia, reconocer una palabra de Dios te ayudará a discernir cuándo está actuando. Jesús lo dijo de este modo: "Mis palabras para ustedes son Espíritu, y son vida" (ver Juan 6:63). Las palabras del Espíritu manifiestan la presencia de Dios, y su presencia da vida. Así actúan el corazón y la mente de Dios. Se manifiesta más veces de las que creemos. Ayuda aprender a "acercarnos", o a prestar mucha atención.

Te daré una ilustración sencilla. Digamos que voy al supermercado a comprar. Antes de salir, observo unas monedas que dejé en la cocina. Entonces tengo la idea de que debería llevar conmigo esas monedas, pero lo pienso y creo que sería innecesario porque siempre pago en el supermercado con mi tarjeta de crédito, que al final de cada mes liquido. Sin embargo, cuando llego a la tienda tengo una fuerte impresión de que debería ayudar a un hombre aparentemente sin hogar que está delante de la tienda. No llevo monedas conmigo, pero hay un cajero cerca, así que saco el dinero en efectivo. Sin embargo, en ese momento me doy cuenta de que Dios ya había puesto en mí una sutil impresión a la que debería haber prestado más atención. Esta ilustración no describe una situación grave de vida o muerte, pero la mayor parte de la vida es así: simple y práctica; y siempre gratificante si estamos siguiendo la guía de Dios mediante el Espíritu Santo.

Estoy muy agradecido de que Dios sea el Dios de las segundas oportunidades. La mayoría de nosotros estamos vivos debido a eso. Sus segundas oportunidades son una manifestación maravillosa de su gracia, pero es una necedad pensar que Dios se repetirá a sí mismo automáticamente si nos perdemos lo que nos dijo la primera vez. Esta suposición ha conducido a muchas personas a "tentar a Dios" de manera involuntaria suponiendo que actuará de cierto modo cuando Él realmente no nos debe nada. Esta es una realidad aleccionadora, especialmente a medida que maduramos. Tanto las bendiciones de oír como el costo de no oír aumentan. Esos costos no son un castigo; son la manera adecuada de que seamos entrenados como administradores de todas las cosas concernientes al reino. Estamos siendo entrenados para gobernar y reinar con Dios por toda la eternidad. Todo en su reino aumenta mediante la administración adecuada.

RECUERDA QUE DIOS YA HA HABLADO

Una de las maneras en que las personas con frecuencia castigan a otra es negándose a hablar con ella o a reconocerla. Esa conducta la denominamos "el trato del silencio". Dios con frecuencia está en silencio hacia nosotros en el sentido de que Él no usa maneras obvias y evidentes de hablar y comunicarse, pero eso no significa que nos esté dando el trato del silencio como castigo. Toma cierto tiempo adaptarnos a su silencio, especialmente cuando nuestro nivel de hambre de Él ha aumentado de modo drástico. Dios a menudo está en silencio porque ya nos ha hablado (tal vez del modo sutil descrito antes), y nos corresponde a nosotros recordar/descubrir lo que Él dijo en una temporada anterior de nuestra vida. Con frecuencia enfrentamos retos para los cuales Él nos ha preparado, pero no nos sentimos preparados porque no nos hemos aferrado con fe a las cosas que Él ha hablado anteriormente.

María, la madre de Jesús, es mi ejemplo favorito de alguien que ejercitó la disciplina de oír y de recordar:

Cuando María fue saludada por el ángel y recibió la noticia de que era favorecida por Dios (oyendo luego que ella sería la madre del Mesías), "se turbó por sus palabras, y pensaba qué salutación sería esta" (Lucas 1:29).

En el nacimiento de Jesús, después de oír a los pastores describir que se les aparecieron ángeles y lo que dijeron sobre Jesús, "María guardaba todas estas cosas, meditándolas en su corazón" (Lucas 2:19).

Después de que María y José buscaran a Jesús por tres días y lo encontraran en el templo conversando con los líderes religiosos, "[Jesús] descendió con ellos [María y José], y volvió a Nazaret, y estaba sujeto a ellos. Y su madre guardaba todas estas cosas en su corazón" (Lucas 2:51).

Hace varios años atrás, mi esposa y yo recibimos una cristalería muy cara. La guardo en un armario, y no está al alcance para el uso diario. Es solamente para ocasiones especiales. Sin duda, no es lo que yo les daría a mis nietos cuando quieren beber agua. No es que yo no valore a estos pequeñitos de nuestra familia, es solo que no quiero que los vasos se rompan porque los he puesto en manos de alguien que no está preparado para manejarlos adecuadamente. No quiero darles a mis nietos una responsabilidad que no tienen la capacidad de administrar bien. Sería injusto para ellos.

El armario donde están guardados esos vasos tiene puertas de vidrio, y eso hace posible que los miremos en cualquier momento. Además de eso, hay luces integradas en el armario para llamar la atención a la belleza de la cristalería. He mostrado los vasos a amigos que llegan de visita a mi casa, y los uso si la ocasión parece apropiada. El punto es que son valorados y los usamos solamente para eventos especiales.

María guardaba las palabras de Dios para ella, incluyendo las que Jesús le dijo. Ella las meditaba en su corazón, lo cual da a entender que les daba vueltas en su corazón y su mente, día tras día. A medida que se desarrolló el misterio de la vida de Jesús, sin duda que María reconoció que era el Señor quien la había preparado mediante la palabra del Señor para los sucesos que Jesús iba a experimentar. Implica que ella tenía en muy alta estima las palabras que había recibido, y no las consideraba una adición fortuita a su vida; de hecho, le dieron un enfoque fundamental del porqué ella estaba viva: para manifestar a Jesús al mundo.

Cuando María atesoraba las palabras del Señor con respecto a su vida y, finalmente, la vida de su Hijo, las valoró y estimó demasiado como para abusar de ellas mediante un uso impropio. Dudo mucho que ella entendiera plenamente lo que el ángel le decía cuando anunció que concebiría al Mesías por el Espíritu Santo. Repito que esta es, con frecuencia, una de las maneras como sabemos que Dios nos ha hablado: Él habla fuera de lo que nosotros mismos razonaríamos o planearíamos. Además, Él nos habla con frecuencia de un modo que nos invita a buscar más de Él, y también a depender de Él para comprender la palabra en sí y para ver el cumplimiento de esa palabra.

En el Antiguo Testamento, cuando José (el hijo de Jacob) era joven, era conocido por sus sueños. Esos sueños tenían su propio significado y brillo futuro, y Dios se los prometió. Sin embargo, cometió el error de dar a conocer esos sueños descuidadamente más allá de lo necesario (ver Génesis 37:5-11). Fue el equivalente a permitir que todos los niños del barrio beban de la cristalería cara. Ese error tuvo un costo muy elevado, y posiblemente demoró el cumplimiento de los sueños. María no cometió el mismo error.

ÉL NOS HABLA CON FRECUENCIA DE UN MODO QUE NOS INVITA A BUSCAR MÁS DE ÉL, Y TAMBIÉN A DEPENDER DE ÉL PARA COMPRENDER LA PALABRA EN SÍ Y PARA VER EL CUMPLIMIENTO DE ESA PALABRA.

Es importante recordar que en el reino de Dios atraemos lo que valoramos, ya sean buenas noticias o malas noticias, testimonios o murmuración, amistades o conflicto. En este caso, cuando valoramos la palabra del Señor, su voz, vemos un aumento en nuestra vida personal. Su palabra (ya sea mediante la Biblia o directamente) es uno de los tesoros más invaluables.

"Por fe heredamos promesas" (ver Hebreos 11:33). Es obvio que la fe ayuda a producir el cumplimiento de las promesas de Dios. Cuando respondemos en fe a algo que Él nos ha dicho, la respuesta a esa promesa es inminente; sin embargo, cuando leo el v. 33 de Hebreos 11, el gran capítulo sobre la fe, me pregunto si tal vez el escritor nos está diciendo no que la fe produce respuestas a promesas, sino que la fe atrae las promesas en sí. He observado por años cómo sucede eso. Quienes viven en un alto nivel de "fe permanente" a menudo oyen y reciben promesas de Dios que otros se pierden. Dios es un buen administrador, y da promesas a quienes mostrarán un cuidado adecuado de la palabra dada. Creo que este es uno de los aspectos hermosos del reino. En mis propias palabras, dice algo así: "Por fe atraemos y heredamos las promesas de Dios. Y la fe que atrae la promesa también administra bien esa palabra, hasta que sea cumplida".

Es cierto que hay ocasiones cuando lo que Dios nos ha hablado ha sido predeterminado a suceder sin tener en cuenta nuestra participación directa. Simplemente debemos "[estar] firmes y ved la salvación que el Señor hará hoy" (Éxodo 14:13, LBLA), la cual Él lleva a cabo por nosotros. Siempre que tengo el privilegio de ver suceder eso para mí mismo o para un familiar o amigo, es una de mis ocasiones favoritas personales entre las maneras en que Dios actúa. Y, sin embargo, hay otras veces en las que nuestra respuesta directa a la palabra de Dios es necesaria para su cumplimiento. Me preocupa que cuando esté delante del Señor, podría ver promesas que debían haberse cumplido, pero no dieron fruto simplemente porque yo esperé que Él actuara en lugar de vivir como un administrador responsable de todo lo que Dios había hablado. Se requiere sabiduría para conocer la diferencia entre estos dos tipos de promesas. Es cuestión de oración, de pedirle a Dios discernimiento y seguir su dirección en fe.

PERMITE QUE TU CORAZÓN REPOSE EN DIOS

Oímos mejor cuando nuestro corazón está en reposo. Pero, sinceramente, mi necesidad de oír de Dios está en su nivel más alto cuando me siento ansioso y temeroso. Oír es lo que me conduce a un lugar de confianza y reposo. Es lo que me lleva de nuevo a la paz. Por lo tanto, la dolorosa realidad es que, cuando más necesito una palabra de Dios, más probable es que la pierda debido a mi ansiedad. Por fortuna, ser consciente de este conflicto ayuda porque el arreglo es sencillo. No dije que es *fácil*, pero es sencillo, como la mayoría de las soluciones del reino: reconocer el señorío de Dios. Nuestro reconocimiento de su señorío arregla la mayoría de los problemas.

Sentirnos mal por nuestros sentimientos de ansiedad no nos produce reposo. Y el mero reconocimiento de un pensamiento erróneo no crea un pensamiento correcto. Pero sí lo hace el arrepentimiento verdadero. El arrepentimiento está ilustrado en dos palabras: *de* y *hacia*, como en "del arrepentimiento **de** obras muertas y de la fe **hacia** Dios" (Hebreos 6:1, LBLA). De nuevo, lamentar mi ansiedad no la elimina, pero sí lo hace lidiar con la causa. En la raíz de la ansiedad y el temor está una confianza mal colocada. Necesitamos arrepentirnos de confiar en algo que no es Dios, ya sean nuestras opiniones, recursos, experiencias, o los ideales, ideas y valores de otras personas. Todos ellos compiten por ese lugar que solamente Dios merece: nuestro Dios, en quien confiamos. Solamente Uno es perfectamente fiel. No confiar en Él es la esencia de la necedad.

En ocasiones perdemos nuestra oportunidad de arrepentirnos porque (como mencioné antes) creemos que un simple reconocimiento de nuestro error lo arregla todo. No es así. La tristeza según Dios es la que nos conduce al arrepentimiento (ver 2 Corintios 7:10). Demasiadas personas sienten tristeza por el dolor que su pecado ha causado en sus vidas, pero tristeza por el propio pecado. El dolor de comprender cómo hemos herido el corazón de nuestro Padre es la clase de dolor que nos conduce a abandonar por completo el pecado.

Por lo tanto, siempre que nos encontremos llenos de ansiedad o temor, e incapaces de oír la voz de Dios, tenemos varias herramientas para ayudarnos a comenzar a oír otra vez. La primera es acallar nuestro corazón hacia un lugar de reposo y confiar en la soberanía de Dios en nuestra vida.

Cuando confesamos nuestra falta de confianza, también deberíamos confesar todo pecado conocido, ya que este es un lugar obvio para restaurar nuestra relación con Dios. La confesión atrae al gran Perdonador a nuestra situación. También deberíamos adorar al Señor, porque la adoración es una expresión íntima de afecto y adoración hacia Dios. Otra herramienta es meditar en la Palabra de Dios. Su Palabra revela su mente. Siempre que meditamos en la Palabra interviene el Autor, ayudando a establecer su corazón en el nuestro. Además, es fundamental que aprendamos a confesar y declarar todo lo que Dios nos ha prometido en su Palabra. Si las respuestas a nuestras situaciones las alineamos con su mente y sus pensamientos, eso producirá victoria, y con frecuencia nos capacita para desempeñar un papel responsable en ver el cumplimiento de sus promesas.

RECIBE LA PALABRA DE DIOS INCLUSO CUANDO PAREZCA DESCONCERTANTE

Como Jesús es la Palabra de Dios y Él está en todas partes, su voz está presente siempre. Esta afirmación, desde luego, es una contradicción aparente con lo que dije anteriormente en este capítulo sobre que Dios a veces está en silencio. Debemos entender que está la voz de Dios evidente, y también está la voz de Dios encubierta. La voz de Dios evidente es concreta para una necesidad o pregunta. Es mucho más obvia y clara, y no es fácil pasarla por alto si estamos mirando y escuchando. La voz encubierta de Dios se manifiesta en su presencia más que en conceptos o detalles específicos. Cuando entendemos eso, aprendemos a mantener una fe permanente cuando las cosas no parecen tener sentido o darnos la claridad por la que clamamos. Reconocer la diferencia entre estos dos aspectos de la voz de Dios es fundamental para ayudarnos a crecer en tiempos desafiantes.

Para mí, una de las historias más fascinantes en toda la Biblia es el relato en Juan 6 de la multiplicación de los panes y los peces, al igual que lo que ocurrió después. La multitud que se había reunido para oír a Jesús aquel día era inmensa, de modo que miles y miles de personas estaban presentes para participar de esta provisión. Hay pocas dudas de que otros milagros también eran abundantes, ya que hacer milagros era un suceso de todos los días para Jesús; sin embargo, las multitudes se juntaban no solo para ver los milagros sino también para oír hablar a Jesús, porque nadie había hablado nunca del modo en que Él lo hacía. Una y otra vez, siempre que Él hablaba, las multitudes quedaban asombradas por su enseñanza.

Sin embargo, al día siguiente cambió la actitud de la gente hacia Jesús y su enseñanza. El Maestro comenzó a explicar que la única manera de ser uno de sus discípulos era "comer su carne y beber su sangre". Si hubo alguna vez un pueblo que rechazaba cualquier indicación de canibalismo, eran los judíos. Al leer todo el capítulo 6 de Juan podemos observar la indignación entre la multitud cuando oyeron las palabras de Jesús. Parece que cada vez que vemos a personas discutir por sus palabras, Él aumenta la intensidad. Qué lección de liderazgo tan interesante y dolorosa es ver el poco esfuerzo que empleó Jesús por explicar su mensaje para calmar sus temores. No hay duda de que los Doce querían que Jesús ofreciera una explicación a la multitud, ya que probablemente les gustaba la recién hallada popularidad de Jesús (y la de ellos) entre la gente. Y ahora veían a las multitudes alejarse indignadas. La Escritura incluso registra que algunos de sus seguidores más comprometidos se fueron ese día (ver v. 66). No pudieron manejar el conflicto de ideas en sus mentes, el misterio dado por Dios.

Es obvio que todos nosotros necesitamos enfrentar la tensión que se encuentra en el misterio. Incluso los discípulos comprobados de Jesús necesitaban este desafío. Dios es un Padre que recompensa a quienes lo buscan. Y no hay ninguna recompensa donde no hay decisiones que tomar. Jesús ya sabía quién no respondería bien a este desafío y quien sí respondería bien (responder a un misterio con fe permanente). Él sabía quién no creería y quién sí creería. La fe es el resultado deseado de su voz. Siempre. "La fe es por el oír" (Romanos 10:17). Jesús es digno de confianza, una verdad que proclamamos en cada acto de fe hacia Él, incluso la fe permanente en medio del misterio.

Sin embargo, lo que más me conmueve acerca de esta historia es el comentario de Jesús sobre sus palabras; más concretamente, la enseñanza confusa que parecía señalar al canibalismo. Jesús dijo: *Las palabras que yo os he hablado son espíritu y son vida* (Juan 6:63). Él es la Palabra hecha carne; sin embargo, cuando Él habla sus palabras se convierten en "espíritu". Cuando Jesús desafió a los Doce, preguntando si también ellos querían alejarse de Él, Pedro respondió: *Señor, ¿a quién iremos? Tú tienes palabras de vida eterna* (Juan 6:68). Con frecuencia se utiliza a Pedro como un ejemplo de lo que no hay que hacer, porque a menudo era impulsivo y hablaba con necedad; sin embargo, también entiende muchas cosas, como hizo en esta respuesta. Me tomaré cierta libertad para explicar brevemente lo que creo que la respuesta de Pedro significaba para él, porque no creo que entendiera el misterio espiritual mejor que las multitudes que se habían ido. Para mí, Pedro está diciendo: "No entendemos tu enseñanza más que las multitudes que se fueron, pero lo que sí sabemos es que cada vez que tú hablas, descubrimos que estamos vivos. Tus palabras nos introducen a la vida. Incluso las palabras que no comprendemos. Por lo tanto, no, no nos alejaremos".

La mente de Pedro puede que estuviera perpleja por las enseñanzas de Jesús, pero él sabía en su espíritu que estaba oyendo palabras de vida. Lo mismo es cierto para cada uno de nosotros. Sabemos en nuestro espíritu cuándo oímos la voz del Espíritu Santo, quien siempre nos habla, y cuya influencia sobre nosotros es inmensurable; y sabemos que es vida para nosotros.

8

SUEÑOS INSPIRADOS POR DIOS, EXPRESIONES CREATIVAS Y DESEOS CUMPLIDOS

Aprender a oír la voz de Dios es vital porque estamos muy cerca de expresiones creativas en la Iglesia que el mundo nunca ha visto antes. Pero estas expresiones creativas dependen completamente de nuestra entrega y relación con el Espíritu Santo, y de recibir y llevar a cabo Su visión mientras Él trabaja a través de nosotros.

CREATIVIDAD Y EL ESPÍRITU SANTO

El Espíritu Santo desempeñó un papel extraordinario en la creación de todas las cosas: *En el principio [...] el Espíritu de Dios se movía sobre la faz de las aguas* (Génesis 1:1-2). Esta imagen se asemeja a una mamá gallina cuando incuba sus huevos. Al hacerlo, crea la atmósfera ideal para que sus pollitos salgan del cascarón y se desarrollen. De igual modo, el Espíritu Santo incuba muchas cosas en nuestras vidas, produciendo siempre la atmósfera necesaria para que haya una expresión plena de creatividad transformadora. Estar dotados de esta creatividad es un resultado normal de pasar tiempo en la presencia manifiesta de Dios.

Esta realidad nos da una perspectiva brillante de la naturaleza y el lugar de nacimiento de la creatividad en la vida del creyente. Ser hijos e hijas del Creador nos permite un acceso único a sus dones, llamamientos y unciones.

DISEÑADOS PARA CREAR E INNOVAR

Fuimos creados y redimidos para una colaboración creativa con el Padre mediante su Espíritu. Nuestra creatividad es dirigida mediante los sueños y deseos que Dios nos da y que tenemos para nuestras vidas. Tales sueños y deseos se forman mediante incontables influencias, incluyendo nuestra crianza, nuestros parientes, amigos y experiencias. Todos estos aspectos son herramientas que, cuando son guiadas y empoderadas por el Espíritu Santo, pueden ayudar a moldearnos y que seamos las criaturas creativas que Dios siempre quiso que fuéramos.

En el Antiguo Testamento, bajo el liderazgo de Moisés se construyó un tabernáculo para servir a los hijos de Israel como su "casa de Dios" mientras vivían en el desierto. Dios fue muy detallado en su diseño del tabernáculo, especificando los colores, las telas, los materiales de construcción y la calidad del trabajo que los israelitas debían utilizar. Este tabernáculo debía ser distinto a todo lo que los israelitas hubieran construido anteriormente porque debía albergar la presencia de Dios mismo.

El trabajo requerido para este proyecto de construcción estaba por encima de la habilidad natural humana. Tal vez podría describirse mejor de esta manera: el talento humano era necesario; pero la influencia sobrenatural sobre el elemento humano era más importante aún. Para mí, esta es la descripción perfecta de la vida de un creyente en nuestra época. Debemos ofrecerle a Dios todo lo que somos capaces de hacer, sabiendo que necesitamos que Él añada su toque inmensurable a todo lo que hacemos.

FUIMOS CREADOS Y REDIMIDOS PARA UNA COLABORACIÓN CREATIVA CON EL PADRE MEDIANTE SU ESPÍRITU.

En la historia de la construcción del tabernáculo interviene un hombre llamado Bezalel. Es la primera persona que la Biblia menciona que estaba llena del Santo Espíritu de Dios. Eso es extraordinario. Yo habría pensado que Moisés o uno de los reyes o profetas de Israel habría tenido ese honor. En cambio, fue un artista, un artesano. Dios dijo de él:

> *Y lo he llenado del Espíritu de Dios, en sabiduría y en inteligencia, en ciencia y en todo arte, para inventar diseños, para trabajar en oro, en plata y en bronce, y en artificio de piedras para engastarlas, y en artificio de madera; para trabajar en toda clase de labor.* (Éxodo 31:3-5)

Este genio creativo necesitaba que el Espíritu Santo pudiera crear a un nivel requerido para esa tarea. Y si esa medida de unción estaba disponible bajo un pacto inferior, entonces ¿cuánto más deberíamos esperar que Dios nos la dé bajo el mejor pacto establecido por la sangre de Jesús? Ser lleno del Espíritu Santo era poco frecuente en el Antiguo Testamento, pero se ha vuelto común entre los creyentes desde el derramamiento del Espíritu en Pentecostés (ver Hechos 2). Cuando estamos llenos del Espíritu, deberíamos experimentar un toque redentor general sobre nuestra capacidad para amar y servir al mundo que nos rodea, al compartir soluciones creativas para los problemas que enfrentamos. En lugar de desear ser rescatados del infierno del caos presente de este mundo, tal vez deberíamos mantenernos con más firmeza en nuestro lugar como personas creativas, sabiendo que Dios ha provisto soluciones y nos ha invitado a buscarlo a Él para obtenerlas. Esta también es la obra del Espíritu Santo.

Después de todo, como observamos anteriormente: *La gloria de Dios es ocultar un asunto y la gloria de los reyes es investigarlo* (Proverbios 25:2, NVI). Jesús dijo que al Padre le agrada darnos los misterios del reino (ver Lucas 12:32). Además, somos llamados "para nuestro Dios reyes y sacerdotes" (Apocalipsis 5:10). Como expresé en el capítulo anterior, nuestro lugar de realeza nunca se ve con mayor claridad que cuando investigamos los misterios que Dios ha ocultado de nosotros. Los reyes y las reinas entienden que les ha sido dado investigar las cosas ocultas. Tal vez este es el secreto de Juan 15:7, que dice: *Si permanecéis en mí, y mis palabras permanecen en vosotros, pedid todo lo que queréis, y os será hecho.* El resultado de esta asombrosa promesa es que llevamos a cabo nuestro papel de ser colaboradores de Dios mismo, que nos atiende con respuestas a nuestras oraciones.

La creatividad tiende a aumentar en las vidas de quienes encuentran un problema que resolver. No se trata solamente de escribir la siguiente novela o pintar un cuadro. Aunque esos tipos de expresiones artísticas están incluidos, estoy hablando más generalmente del plan redentor de Dios que se desarrolla en nuestras vidas, de modo que somos movidos por la condición de la humanidad y nos esforzamos por resolver sus problemas mediante la innovación. Nuevas tecnologías, avances médicos, invenciones y otras soluciones, al igual que los tipos de cosas que añaden cultura y belleza a nuestras vidas, fluyen todos ellos de un lugar de creatividad dada por Dios. Y según las Escrituras, ese lugar se encuentra mejor en y mediante la presencia del Espíritu de Dios.

Vivir en la comprensión sentida de la presencia de Dios es el primer paso para entrar en nuestro diseño, propósito y promesa inherentes. Aunque todas las maravillas de Dios, sus obras y sus planes hablan de su grandeza, me cautiva especialmente su presencia, porque es en su presencia donde descubrimos su naturaleza. El segundo paso es una aceptación intencional de todo lo que Dios nos dice, ya sea mediante las Escrituras o directamente por inspiración de Él. Su presencia permanente, junto con la simiente de la Palabra de Dios, que contiene la expresión plena de su naturaleza, obra en nosotros para producir el cumplimiento del diseño y el propósito que se originaron en el corazón de Dios para nosotros, mucho antes de que nada de lo que ha sido hecho fuera hecho.

Es esencial aprender a reconocer la presencia de Dios y vivir en el entorno que es natural para todo aquel que habita y permanece en esa presencia. La influencia de su Espíritu sobre un individuo queda evidenciada mediante el sencillo resultado llamado "libertad". Como dicen las Escrituras: *Donde está el Espíritu del Señor, allí hay libertad* (2 Corintios 3:17). Algunas personas dicen que este versículo podría leerse de este modo: "Donde el Espíritu Santo manifiesta el señorío de Jesús, el resultado es libertad".

HACER QUE NAZCA LA EXPRESIÓN CREATIVA

VIVE EN LA REDENCIÓN Y LA GLORIA DE DIOS

El apóstol Pablo se dirigió a la naturaleza de la humanidad caída cuando afirmó: *Por cuanto todos pecaron, y están destituidos de la gloria de Dios* (Romanos 3:23). Jesús vino para redimirnos de la maldición del pecado. Redimir significa "volver a comprar". Toda la raza humana se vendió al pecado, pero Jesús se convirtió en el Redentor y también en el precio de la redención. El Redentor volvió a comprarnos consigo mismo como pago. ¡Eso es un amor extremo!

Los seres humanos nacimos para mostrar expresiones de creatividad inspiradas, pero el pecado causó que nos quedáramos lejos de la diana establecida para nosotros: la gloria de Dios. Incluso la palabra *diana* en realidad no indica la intención de Dios. Sería mejor decir que la gloria de Dios no era meramente una diana a la que teníamos que acertar, sino que debía convertirse en nuestro hogar o lugar de morada. Como la gloria de Dios es interminable, es también nuestro destino creciente. El ámbito de su gloria es para lo que fuimos diseñados. Ha de haber una conexión ininterrumpida entre nosotros y la gloriosa presencia de Dios, el lugar donde la creatividad es inherente.

Temor, ansiedad y preocupación (resultados de nuestra naturaleza caída) a menudo llenan el "vientre" de nuestro corazón, que fue diseñado originalmente para generar expresión creativa. Cuando esto sucede, bloquea nuestra creatividad. El pecado no confesado tiene el mismo efecto de matar nuestro potencial; llena el lugar diseñado para liberar creativamente nuestra comprensión de la naturaleza de Dios. El enemigo teme los sueños y deseos cumplidos de un pueblo santificado. Estos sueños y deseos manifestados ilustran nuestra *razón de ser*. Jesús enseñó que debemos hacer brillar "[nuestra] luz delante de los hombres, para que vean [nuestras] buenas obras, y glorifiquen a [nuestro] Padre que está en los cielos" (Mateo 5:16). Lo que fluye de nosotros debe en última instancia dar gloria a Dios.

Cuando Jesús tomó nuestro lugar de castigo en su sufrimiento y muerte en la cruz haciendo expiación por nuestro pecado, fuimos restaurados. Pero restaurados ¿a qué? Como mínimo, ¡fuimos restablecidos en nuestro propósito de vivir en la gloria de Dios! Todo lo que es creado tiene una ubicación o ámbito en el cual ha de vivir. Los peces solamente pueden sobrevivir en las aguas que Dios creó. Los árboles y las plantas solamente pueden vivir en el terreno para el cual fueron hechos. Y la humanidad solamente puede vivir en el ámbito de la presencia de Dios: su gobierno. Su gloria. Todo lo demás es muerte espiritual.

Ilustraciones y ejemplos de restauración en la Biblia son clave para ayudarnos a comprender la maravilla de la obra de restauración de Cristo por nosotros. Consideremos el ejemplo de Job. Lo perdió todo, pero cuando Dios lo restauró, recuperó el doble de todo lo que había perdido (ver Job 42:10). También está el templo de Salomón que fue destruido. Cuando el templo fue reconstruido tras el exilio y después ampliado en el primer siglo, la zona del Monte del Templo tenía el doble del área del original. La imagen de restauración es consistente a lo largo de la Escritura: Dios restaura a un lugar mayor que antes de la destrucción o la pérdida. *La gloria postrera de esta casa será mayor que la primera* (Hageo 2:9).

Jesús nos restaura a un lugar mayor de donde estábamos antes de la caída. Consideremos el caso de los discípulos de Jesús: lo dejaron todo para seguirlo, pero Él prometió devolverles cien veces lo que habían perdido o dejado atrás (ver Marcos 10:28-30). Siendo este el caso, ¿no parece lógico que nuestra salvación nos haya devuelto el lugar para vivir en la gloria de Dios? Y no me refiero a cuando lleguemos al cielo, pues eso es seguro. La belleza de nuestra salvación y la maravilla de nuestro diseño han de verse en el *aquí y ahora*. Deben definir nuestras vidas como creyentes, discípulos verdaderos de Jesucristo. Por lo tanto, vivir en la gloria de Dios es vivir en la presencia manifiesta de Jesús. También esto es una obra del Espíritu de Dios.

PERSIGUE SUEÑOS Y DESEOS DADOS POR DIOS

Si creemos que el Espíritu Santo está con nosotros para cumplir todos nuestros sueños y propósitos en la vida, viviremos con una frustración constante. Sin embargo, cuando entendemos que estamos vivos para cumplir sus sueños, viviremos en asombro constante. Un beneficio adicional es que en este proceso de vivir en nuestro propósito como colaboradores de Dios, descubrimos el cumplimiento de nuestros sueños por encima de aquello a lo que normalmente tendríamos acceso natural, más allá de nuestra inteligencia o nuestra fe.

Dios en ocasiones retiene nuestra habilidad para ver lo que está delante de nosotros. Lo hace por nuestra seguridad, en especial porque los seres humanos tenemos un deseo innato de crear formas, o fórmulas, según lo que hemos visto. Por ejemplo, los israelitas vieron una nube que se cernía sobre el tabernáculo en el desierto. Dios no reveló ninguna forma concreta de sí mismo allí, pero dio una revelación de su rostro en la nube, mediante la cual hablaba a los israelitas "cara a cara":[10]

El día que el Señor habló en Horeb, en medio del fuego, ustedes **no** *vieron ninguna figura. Por lo tanto,* **tengan mucho cuidado de no corromperse haciendo imágenes o figuras.**
(Deuteronomio 4:15-16, NVI, énfasis añadido)

Desde el fuego el Señor les habló **cara a cara** *en la montaña.*
(Deuteronomio 5:4 NVI, énfasis añadido)

---

10. Bill Johnson, *Face to Face with God*, rev. ed. (Lake Mary, FL: Charisma House, 2015), p. 88.

*Estas son las palabras que el Señor pronunció con voz fuerte **desde el fuego, la nube** y la densa oscuridad, cuando ustedes estaban reunidos al pie de la montaña.* (Deuteronomio 5:22 NVI, énfasis añadido)[11]

Como los israelitas tenían inclinación a hacerse ídolos, Dios retuvo claridad de visión, sabiendo que ellos harían un ídolo según lo que habían visto. Aunque pocas personas admitirían tener esta inclinación, se hace evidente cada vez que queremos tomar un atajo para conocer la voluntad de Dios en lugar de atravesar el proceso de descubrir su corazón. Lo segundo toma tiempo; un tiempo que no siempre queremos emplear. Cuando creamos fórmulas, eso algunas veces elimina de nuestras vidas la influencia de Dios momento a momento. Como dije anteriormente, las fórmulas adoptan una *forma* que sustituye nuestra necesidad de interacción con el Señor; sin embargo, claridad de visión y creatividad se concede a quienes aceptan un viaje relacional para conocer a Dios y darlo a conocer.

El papel del Espíritu Santo como Maestro nos apoya especialmente en el ámbito de tales búsquedas porque Él nos ayuda a descubrir si nuestros deseos nacen de Dios el Padre. Tener esta ayuda es mucho más fundamental de lo que podríamos pensar. Podemos mirar fácilmente sucesos del pasado y del presente en la Iglesia y ver los desastres en las vidas de personas que escogieron pecar, llamándolo la voluntad de Dios. Algunos de ellos escogieron el fracaso moral mientras llamaban bueno a lo malo y malo a lo bueno (ver Isaías 5:20). Hubo otros que escogieron estilos de vida que eran contrarios a la voluntad y el propósito de Dios, a menudo haciendo dioses de sus posesiones, relaciones, trabajos o poder. Ser sensibles al Espíritu Santo y entregarnos a Él hace que nuestras vidas sean un viaje de alegría y gozo, y no de temor; sin embargo, resistirnos a Él nos conduce hacia desastres de todo tipo.

No hay ninguna duda de que decidir vivir en pecado deliberadamente o en un estilo de vida idólatra han creado una tragedia tras otra en las vidas de las personas; sin embargo, he descubierto que hay otro error que comete la gente y que pasa casi desapercibido. De hecho, con frecuencia se le considera como si fuera la virtud de la humildad: cuando no soñamos

---

11. Johnson, *Face to Face with God*, p. 88.

y tomamos riesgos. Sabemos que nuestros deseos pueden ser malos, pero como describí antes, nuestros deseos aplicados apropiadamente pueden revelar a Dios a los demás. Algunas personas intentan zanjar el asunto de si han oído la voz de Dios o meramente sus propios deseos cancelando cualquier deseo personal. Y aunque eso les aparta del engaño de la obstinación, no les guarda del engaño que hace que no entren en la plenitud de su diseño personal. Puede parecernos extraño que esta plenitud implique la expresión de nuestros propios deseos, influenciados por el Espíritu Santo. La mayoría de los creyentes tienen tanto temor a entender equivocadamente el ámbito de los deseos personales que hacen poco o nada, sin darse cuenta de que al adoptar este enfoque siguen sin entenderlo correctamente. Y aunque el pecado —o no dar en el blanco— siempre hay que evitarlo con celo, tener deseos piadosos que nos impulsen a tomar riesgos y hacer oraciones audaces es la otra cara de la moneda. Cuando avanzamos de este modo y vemos actuar a Dios, lo revelamos a Él como un Padre perfecto que nos ama y actúa por medio de nosotros.

Por lo tanto, aunque es un gran error violar la soberanía de Dios, es un gran engaño ignorar el hecho de que Dios ha escrito nuestro papel e influencia en su plan soberano. El peligro es mucho más que teológico porque lo que creemos afecta cómo nos comportamos. Y no ver nuestro papel (o mejor aún, nuestra responsabilidad) es caer automáticamente en la trampa de suponer que cualquier cosa que ocurra en nuestras vidas es la voluntad de Dios. Esta mentalidad ha causado más cristianismo anémico que tal vez ningún otro fracaso teológico para entender "cómo vivimos como creyentes".

El tema del papel que desempeña Dios y el papel que desempeñamos nosotros es un tema en el que parece haber más malentendidos. Por lo tanto, a la luz de mi respeto por mis amigos que no están de acuerdo conmigo, haré un esfuerzo extra para alentarte a tomar lo que digo con cautela y razonamiento bíblico. Intentemos llegar a un lugar de entendimiento, sabiendo que servimos a Aquel que es soberano. Dios de ningún modo está controlado o dirigido por nosotros; y, sin embargo, este Padre maravilloso nos ha invitado a un lugar con Él donde oramos, adoramos y tenemos comunión con Él. Esto da como resultado que veamos suceder cosas a nuestro alrededor que no habrían sucedido sin nuestra participación. Es la belleza de vivir responsablemente delante del Dios que nos encarga hacer sus obras.

Mi razonamiento sigue esta línea: Dios no nos ha diseñado para que seamos robots o computadoras que producen resultados programados. Por el contrario, somos colaboradores vivos y dispuestos de Aquel que es soberano y que nos ha invitado a lugares de influencia con Él. Nos invita a "venir y razonar juntos" (ver Isaías 1:18). Yo no poseo ninguna inteligencia que Él necesite, ninguna perspectiva que Él no tenga ya, y ningún don que no se origine con Él en un principio. Lo único que tengo para ofrecerle es mi singularidad como ser creado, que es un adorador por elección. En mi singularidad, ofrezco mi voluntad, obediencia y adoración como ofrenda. Diariamente. No tengo ninguna duda de que veo solamente una medida muy pequeña del porqué Él querría colaborar conmigo. En mi compromiso con la eficacia y la excelencia, ¡yo no me habría escogido a mí! De ningún modo. Pero como papá escogería a cualquiera de mis hijos para cualquier tarea. Dios es un Padre. Ahí radica el secreto que está detrás de su plan de que colaboremos con Cristo: se debe a que Él es nuestro Padre celestial.

Probablemente debería añadir que no tengo ningún deseo de cambiar la mente de Dios. Me encanta su voluntad y en realidad no quiero hacer las cosas a mi manera. Hacer las cosas a nuestra manera resulta desastroso, y el mismo resultado puede verse en las páginas de la Escritura. Sin embargo, hay algo hermoso y profundamente misterioso acerca de un Dios que, como Padre perfecto, quiere que influyamos en Él. Dios se aseguró de que quedara registrado en la Biblia que Él en ocasiones cambió lo que ha dicho que haría como resultado de las súplicas de personas (ver, por ejemplo, Jonás 3).

HAY ALGO HERMOSO Y PROFUNDAMENTE MISTERIOSO ACERCA DE UN DIOS QUE, COMO PADRE PERFECTO, QUIERE QUE INFLUYAMOS EN ÉL.

NUESTRO PROPÓSITO CREATIVO: AMISTAD CON DIOS

Es normal desear tener un lugar ante los ojos del Padre donde lo que pensamos y decimos tenga importancia para Él. No es un deseo de controlarlo o de hacer las cosas a nuestra manera. En mi experiencia, es precisamente lo contrario porque expresa algo que ya está en el corazón de Dios por nosotros. Tal vez la afirmación de Jesús: *Ya no os llamaré siervos [...]; pero os he llamado amigos, porque todas las cosas que oí de mi Padre, os las he dado a conocer* (Juan 15:15) en realidad significa eso. Los siervos están orientados a las tareas. Su principal interés es completar lo que el amo tiene en su lista de quehaceres, pero un amigo tiene una perspectiva totalmente diferente. Su interés está en el *corazón* que hay detrás de la lista de quehaceres. Está comprometido con el estado de ánimo, los deseos y el bienestar de sus amigos. De modo similar, yo siempre quiero hacer la voluntad de Dios, pero mi relación con Él es lo que hace que su lista de quehaceres sea una invitación a la colaboración con Él, lo que es mucho más que un mero mandamiento.

Yo no soy amigo de Dios solamente porque cante un canto de alabanza sobre ser su amigo. La amistad verdadera toma tiempo y se otorga a quienes han demostrado ser fieles, quienes han mostrado que son dignos de confianza. Y si entiendo que Él me considera su amigo, tengo una responsabilidad de recibir de Él y también de darle para cimentar e ilustrar esa relación.

Recibo de la amistad de Dios porque Él me transforma diariamente a la imagen de su Hijo Jesucristo. Y todo lo que Él dice y hace en mi vida debe ser evidenciado en la semejanza de Cristo que se ve en mí. Soy igualmente responsable de dar. Sin importar cuán calificado o poco calificado me sienta, debo responder a su invitación. Y aunque este lenguaje puede parecer un poco fuerte, por favor entiéndelo en este contexto: debemos "poner una exigencia" a nuestra amistad con Dios. Repito que no debe verse como un esfuerzo por controlarlo a Él, pero tiene que haber intencionalidad en nuestro esfuerzo por cumplir todo lo que estaba en el corazón de Dios cuando nos invitó a esa posición de amistad. Y por incómodo que me haga sentir este tema, fue el propio Padre quien al menos en una ocasión nos ordenó "mandarle" a Él: *Preguntadme de las cosas por venir; mandadme acerca de mis hijos, y acerca de la obra de mis manos* (Isaías 45:11). Este podría ser uno de los desafíos más difíciles en nuestra prueba para caminar en obediencia.

Mencioné anteriormente que todo este viaje de la vida del creyente se trata sobre descubrir y revelar a nuestro Padre celestial perfecto a un planeta de huérfanos, quienes todavía necesitan ser reconciliados con el Padre. ¿No es eso lo que Jesús nos ordenó hacer? El tema sobresaliente del Evangelio de Juan es que Jesús vino a la tierra para revelar al Padre. Reveló al Padre no solo por medio de su vida sino también mediante su muerte y resurrección. Jesús dijo a quienes lo seguían: *Como me envió el Padre, así también yo os envío* (Juan 20:21). La implicación es que, al menos en parte, también nosotros hemos de revelar al Padre. Busquemos hacerlo manteniéndonos llenos del Espíritu Santo, buscando sus pensamientos, entregándole nuestros deseos que Él mismo nos dio, y permitiendo al Espíritu fluir por medio de nosotros en expresiones transformadoras creativas e innovadoras que satisfagan las necesidades de los demás.

ORACIONES DE PROPÓSITO Y DESEOS CUMPLIDOS

Antes hablamos de que el Espíritu Santo, como nuestro Defensor y Ayudador, intercede por nosotros y nos capacita para expresar a Dios nuestras necesidades y deseos. Veamos ahora cómo podemos ser transformados, *mediante nuestras oraciones*, para estar en consonancia con el corazón de Dios y que así podamos revelar al Padre a todo este mundo.

La oración tiene dos propósitos principales: la oración cambia *circunstancias*, y la oración cambia *a quien ora*. Y el gran milagro es el segundo. Somos invitados a orar como una manera de tener comunión con Dios y ser cambiados, al igual que para ver su mano moverse en los asuntos que enfrentamos en nuestras vidas, las vidas de nuestros familiares, y en nuestros entornos: local, nacional e internacional. Para mí, las oraciones de compañerismo son, por lo general, expresiones de alabanza y adoración. Cuando mi corazón arde de afecto por Dios, sé que estoy vivo y conectado a Él; sin embargo, las oraciones de propósito son diferentes en cuanto a que encuentran su cumplimiento en respuestas. Resultados. Cambios.

CAMBIADOS MEDIANTE LA ORACIÓN

Una serie de minihistorias que implican a los discípulos de Jesús, y que se encuentran en Lucas 9, ilustran de modo muy bello cómo podemos ser transformados en la oración para así poder recibir respuestas a la oración. Vemos cómo las peticiones de los discípulos a Jesús se convirtieron en oportunidades para cambiar su perspectiva. En estas historias, los Doce hicieron una petición tras otra que el Maestro rechazó por la forma en que las pidieron; sin embargo, lo que más me conmueve es el proceso de cómo llegaron a entender la voluntad de Jesús.

Este es el escenario: los discípulos recién habían regresado de su viaje misionero, durante el cual debían predicar el evangelio del reino, sanar enfermos, resucitar muertos, expulsar demonios y limpiar leprosos. Jesús los envió en parejas a sus aldeas natales (ver Lucas 9:1-6; ver también Mateo 10:1-15; Marcos 6:7-13). Después se reagruparon con una profunda sensación de éxito porque en su tarea vieron suceder las mismas cosas que habían visto hacer a Jesús cada día. Es en este contexto donde vemos que surge el primer problema. Los discípulos desarrollaron una sensación exagerada de importancia personal. Observamos en Lucas 9:46 que discutían entre ellos acerca de quién era el más importante. Parecían pensar que las maneras en que Dios los usó en el ministerio eran una señal de su aprobación de *todos* sus pensamientos, ambiciones y carácter. Ese mismo error lo han cometido a lo largo de los siglos quienes tras un acto de pecado o falta en pensamiento o conducta, vieron que Dios los usaba tan poderosamente como antes. Lo que muchas personas no comprenden es que cuando Dios se mueve con poder, es una validación de su Palabra y no siempre del carácter del siervo del Señor. Vemos las autopercepciones erróneas de los discípulos que fueron impulsadas por las respuestas a la oración que recibieron durante su viaje misionero. Repito que esas percepciones estaban moldeadas, sin duda, por su fruto en el ministerio, percepciones que fácilmente estarían impulsadas por la comparación y la competencia entre ellos. La comparación es la práctica mortal de muchos.

En esta situación vemos una de las cosas más destacadas acerca de Jesús que con frecuencia pasamos por alto: Él no reprendió a los discípulos por su deseo de grandeza; en cambio, les enseñó lo que significa verdaderamente ser grande (ver vv. 47-48). Cuando pasamos tiempo con Jesús alimentándonos de sus palabras, viendo lo que solamente Él puede hacer y los actos de servicio que demostró, es difícil no tener hambre de más y más. El *deseo* es una señal de que estamos vivos. Aunque esta conversación en la cual Jesús enseñó a sus discípulos sobre la verdadera grandeza puede que no parezca un ejemplo de ser desafiados a cambiar mediante la oración, permíteme recordarte que Jesús es el Hijo de Dios eterno, con quien los discípulos tuvieron la oportunidad de hablar directamente de muchos temas, ¡y toda conversación con Él es oración!

Los discípulos no fueron reprendidos ni castigados porque tenían sueños o deseos. Como vimos antes, la clave está en que, aunque somos invitados a perseguir nuestros sueños, debemos mantenernos fieles a Jesús, esperando que Él elimine cualquier cosa en nuestras vidas que sea contrario a su propósito para nosotros; sin embargo, recordemos también que muchas personas no desean nada y lo llaman discipulado. Su temor a equivocarse es mayor que su temor a no estar en lo correcto. La mayoría de nosotros hemos oído el dicho: "Es más fácil dirigir un auto que está en movimiento". Muchas personas se quedan quietas esperando dirección, en lugar de seguir lo que hay en su corazón, sabiendo que Dios dirigirá el auto a medida que se mueve. En realidad es un problema de confianza. ¿Creemos que Dios es lo bastante grande para dirigir nuestros corazones incluso cuando no estamos en un lugar de oración profunda?

Justamente después de que Jesús enseñó a sus discípulos el significado de la verdadera grandeza, surge otra minihistoria: Juan deja saber a Jesús que los discípulos encontraron a alguien que expulsaba demonios en el nombre de Jesús, pero esa persona no estaba en su grupo y ellos intentaron evitar que lo hiciera (ver v. 49). No hay duda de que Juan esperaba ser felicitado por proteger la integridad de su grupo y no permitir que otros contaminaran o diluyeran lo que Jesús les estaba enseñando. La respuesta de Jesús fue inesperada para todos: *No se lo prohibáis; porque el que no es contra nosotros, por nosotros es* (9:50). Jesús alentó a los discípulos a ampliar su visión de quién pertenecía a "su grupo". Era el mismo mensaje que les había enseñado anteriormente: *Mi madre y mis hermanos son los que oyen la palabra de Dios, y la hacen* (Lucas 8:21).

LAS CONDICIONES DE LA ORACIÓN

En estas minihistorias vemos que Jesús respondió a las peticiones y afirmaciones de los discípulos de un modo que ellos no esperaban. Imaginaban que uno de ellos sería elegido por Jesús para ser el mayor en el reino, y pensaban que Jesús estaría de acuerdo con ellos en que alguien "de afuera" no tuviera permitido ministrar del modo en que ellos lo habían hecho como parte del grupo. A la luz de la reorientación de Jesús de esas expectativas, entiendo que algunas personas podrían recordarme que *no* es una respuesta que podemos recibir de Dios. Reconozco eso aquí y ahora. Es importante entenderlo, en especial como un proceso de descubrir que oramos por algo que no era la voluntad de Dios. Por fortuna ha habido muchas oraciones no respondidas que *eran* la voluntad de Dios, pero las condiciones para la oración en sí no se cumplían. No fue que Dios dijo un no rotundo.

Un buen ejemplo: un padre llevó a su hijo poseído por un demonio a los discípulos para sanidad y liberación. Ellos lo intentaron, pero no pudieron liberar al hijo. En otras palabras, sus oraciones por ese muchacho no fueron respondidas. Cuando el padre vio venir a Jesús, le llevó a su hijo y Jesús hizo el milagro que era necesario (ver, por ejemplo, Mateo 17:14-21). Por lo tanto, ¿cuál era la voluntad de Dios? Sanidad y liberación, claro está; sin embargo, no ocurrió como resultado de los mejores esfuerzos de los discípulos. Cuando no parecen recibir una respuesta a sus oraciones, la mayoría de las personas se detienen en ese punto suponiendo que no era el momento de Dios para que se produjera la sanidad o la liberación. Las explicaciones que se dan para esta conducta son muy desagradables; y yo mismo las he dado también para librarme a mí mismo de la presión de no obtener una respuesta: "Dios tiene el momento apropiado para todo. Debemos confiar en que Él dará la respuesta deseada en su tiempo". Esa afirmación es verdad al cien por ciento y, sin embargo, es solo un ejemplo de las excusas a las que recurrimos en lugar de aprender a luchar por la respuesta que revele la voluntad de Dios. ¿Y cuál es su voluntad? *Como en el cielo, así también en la tierra* (Mateo 6:10). ¿Cuál es su voluntad? *He aquí ahora el día de salvación* (2 Corintios 6:2). La palabra *salvación* engloba en su significado sanidad, liberación y el perdón de pecado.[12] ¿Cuándo es la voluntad de Dios sanar, liberar y perdonar? *Hoy.* Hoy es el día.

Los discípulos llevaron aparte a Jesús y le preguntaron por qué ellos no pudieron llevar a cabo la liberación del muchacho. Él les dijo: *Este género no sale sino con oración y ayuno* (Mateo 17:21, varias traducciones). Sin embargo, por lo que sabemos, Jesús ni había ayunado ni orado concretamente por esta necesidad. Tendemos a orar y ayunar por necesidades particulares, y esa es sin duda una práctica legítima; pero Jesús parecía haber tenido un *estilo de vida* de oración y ayuno que no estaba restringido a una circunstancia particular.

Aunque la enseñanza de Jesús sobre la oración y el ayuno es vital, creo que la clave de la historia es que cuando los discípulos no obtuvieron una respuesta a su oración, tomaron aparte a Jesús para averiguar por qué. No pensaron que su falta de victoria era la voluntad de Dios, ya que esa perspectiva nunca fue moldeada por el propio Jesús. Gran parte de lo que enseñamos o aceptamos como la voluntad de Dios no se puede encontrar en el estilo de vida de Jesús. Es más fácil culpar a la soberanía de Dios que buscarlo a Él y, en el proceso, llegar a ser la persona necesaria para ver victorias continuas de esta naturaleza.

PROBADOS Y CALIFICADOS

¿Cómo podemos perseverar en nuestra fe y esperanza cuando estamos en medio de situaciones en las que no recibimos respuestas a nuestras oraciones, o no se cumplen nuestros sueños, tan pronto como esperábamos? Para mí, Dios con frecuencia establece una serie de pruebas que al final me calificarán para el cumplimiento de mis mayores oraciones. Insertaré aquí que de ningún modo nos *ganamos* las respuestas a la oración. Siempre llegan como un regalo de gracia; sin embargo, hay condiciones en nuestras vidas que pueden descalificarnos para obtener la respuesta que hemos pedido. Tal vez una mejor manera de decirlo es que si Dios respondiera la oración que hicimos, la respuesta podría destruirnos. Por ejemplo, no creo

---

12. *Strong's*, G4982, Blue Letter Bible Lexicon, https://www.blueletterbible.org/lexicon/g4982/kjv/tr/0-1.

que ninguno de nosotros pudiera vivir bajo la presión que llegaría con la respuesta inmediata a la oración: "Dios, ¡sana a todas las personas por las que oro!". En cuestión de días estaríamos en las portadas de los periódicos en todo el mundo, y la presión social, económica, mental y relacional destruiría lo mejor de nosotros. Por lo tanto, Dios actúa en nosotros calificándonos para medidas cada vez mayores de aquello por lo que hemos orado.

José en el Antiguo Testamento es un gran ejemplo de esto. Vemos en Salmos 105:19 que "hasta la hora que se cumplió su palabra [la de José], el dicho de Jehová le probó". Esa es una afirmación extraordinaria. Sabemos que José compartió con su familia sus sueños de gobernar sobre ellos, pero ese mensaje no fue bien recibido. De hecho, sus hermanos querían matarlo, pero al final lo vendieron como esclavo. José atravesó una serie de retos que le arrebataron todo lo que sería un obstáculo para su papel como un líder; liderazgo que al final sería la salvación de toda su familia, al igual que de los israelitas como nación (ver Génesis 37; 39–47). Nos resistimos a ser reducidos de cualquier manera, pero a menudo esa es la clave para nuestras victorias porque somos reducidos a nuestra verdadera posición de fortaleza: de completa confianza en Dios para llevar a cabo Sus propósitos. Sobre esa posición Él puede edificar.

Siempre he considerado que los sueños de José, y el modo en que los contó, eran del Señor al cien por ciento; y admitiré en este momento que no sé qué venía de él y qué venía de Dios. Sin embargo, hubo algo en lo que José dijo acerca de su futuro de lo que él, y no Dios, era responsable. Creo que por eso el salmista declara: "Hasta la hora que se cumplió su palabra [la de José]". Y ya fuera la palabra profética de José acerca de su destino o acerca de los individuos a los que sirvió en la cárcel, la palabra del Señor le probó para moldearlo y calificarlo para el cumplimiento de su propia profecía. La palabra del Padre celestial actuó en José hasta que él llegó a ser un hombre que podía administrar correcta y honorablemente su propio destino. Esto nos da una perspectiva importante de cómo nos ayuda el Espíritu Santo a alinear nuestros deseos con los de Dios y cumplir nuestros sueños. Como describí anteriormente, el Espíritu actúa continuamente para conformarnos a la imagen de Jesús y que así seamos moldeados y calificados para llevar a cabo esos sueños.

A menudo hacemos oraciones estupendas. Grandes oraciones. Es mi convicción que cuando lo hacemos, el Espíritu Santo comienza de inmediato a trabajar en nosotros, convirtiéndonos en alguien que puede sobrevivir y prosperar bajo el peso y la importancia de la respuesta. La gloria de Dios sobre una persona saca a la luz grietas en el cimiento de esa persona (con el propósito de arreglarlas), o establece al individuo de un modo que está totalmente comprometido a que Dios reciba toda la gloria.

> *NOS RESISTIMOS A SER REDUCIDOS DE CUALQUIER MANERA, PERO A MENUDO ESA ES LA CLAVE PARA NUESTRAS VICTORIAS PORQUE SOMOS REDUCIDOS A NUESTRA VERDADERA POSICIÓN DE FORTALEZA: DE COMPLETA CONFIANZA EN DIOS PARA LLEVAR A CABO SUS PROPÓSITOS.*

Todo esto parece estar relacionado con este versículo tan familiar de Proverbios 13:12: *La esperanza que se demora es tormento del corazón; pero árbol de vida es el deseo cumplido.* Salomón escribió que tener deseos cumplidos nos conecta a un "árbol de vida". Y Jesús dijo que los deseos cumplidos nos dan plenitud de gozo (ver Juan 16:24). Estas son dos caras de la misma moneda porque fuimos diseñados para tener deseos y después ver cumplidos esos deseos por un Padre amoroso, reforzando nuestra identidad en Él y dándonos vida abundante, medida por el gozo.

Como fuimos diseñados para tal colaboración celestial, siempre es alentador ver respondidos y cumplidos los deseos que Dios puso en nuestro corazón. Como describí anteriormente, es el Espíritu Santo quien nos ayuda a discernir si nuestros deseos son nacidos de Dios o si estamos intentando utilizar la Escritura para persuadirlo a Él y que nos permita hacer las cosas a nuestra manera. Todos necesitamos la ayuda del Espíritu Santo durante este viaje, porque el efecto pleno del propósito de Dios para nuestras vidas tendrá un impacto muy importante sobre nosotros y sobre el mundo que nos rodea. Esta área del deseo cumplido es una amenaza importante para la influencia del enemigo en la tierra y, por lo tanto, es uno de sus objetivos principales. En las respuestas a nuestras oraciones, nuestro Padre celestial es revelado como un Padre amoroso. Le debemos al mundo esa revelación de Dios, de modo que debemos orar para recibir respuestas para nosotros mismos y para otras personas.

Los deseos cumplidos tienen otro beneficio que he reconocido recientemente: añaden días a nuestras vidas y fortaleza a nuestros días. *El que colma de bienes tus años, para que tu juventud se renueve como el águila* (Salmos 103:5, LBLA). Hay algo medicinal en los deseos y los sueños cumplidos: respuestas a la oración. Comprender que hemos recibido el favor de Dios, junto con nuestro mayor sentido de identidad y propósito, sirve para producir más fortaleza e incluso años a nuestras vidas. Todos hemos visto a alguien que murió pronto después de perder su razón para vivir. También es cierto lo contrario: fortaleza y días añadidos llegan a quienes se deleitan en el beneficio de los sueños cumplidos. El mayor gozo de ser usado por Dios es superado solamente por su presencia manifiesta.

9

FRUTO, DONES Y LO "MUNDANO"

Sería imposible hacer una lista completa de los efectos del Espíritu Santo sobre una vida, y mucho menos sobre todo el cuerpo de Cristo; sin embargo, las Escrituras nos dan historias y listas que revelan la naturaleza y el poder del Espíritu. Ninguna de estas historias y listas lo contienen a Él en el sentido de establecer límites o fronteras sobre quién es Él y lo que hace, pero revelan cualidades y aspectos esenciales de su persona y sus obras.

Mi descripción favorita de la obra del Espíritu Santo en y a través de alguien, se encuentra en la historia de Gedeón en Jueces 6:34. Algunas traducciones de la Biblia dicen que el Espíritu de Dios vino "sobre" Gedeón, pero las palabras exactas en el hebreo original parecen ser completamente distintas a eso. Dice que "el Espíritu Santo se revistió de Gedeón".[13] Como enseñó hace muchos años atrás mi amigo Michael Thompson, un gran pastor y orador de Melbourne, Florida, el Espíritu Santo se puso a Gedeón como un guante. Esta analogía da una imagen de ser *poseído por Dios*.

Aunque me encanta esta historia del Antiguo Testamento del Espíritu Santo obrando a través de Gedeón, no hay modo en que la unción de Gedeón pudiera haber sido superior a la que Dios ha prometido y pone a disposición de todos los que son *llenos del Espíritu Santo* en el nuevo pacto. Las bendiciones superiores nunca vienen de pactos inferiores. Dios nos lleva "de gloria en gloria" (2 Corintios 3:18). Menciono de nuevo esta verdad por una razón: enfatizar que lo que tenemos a nuestra disposición es mayor que lo que tuvo Gedeón, y debemos perseguirlo. Eso significa que la maravilla y belleza de la experiencia de Gedeón se ve superada en la vida de cada creyente que verdaderamente es lleno del Espíritu Santo.

¿SOMOS LLENOS?

A veces nos familiarizamos tanto con una verdad que llega el punto en el que deja de impresionarnos o incluso impactarnos. Que el Espíritu Santo viva dentro de nosotros parece ser una de esas realidades. Piensa en esto: en Efesios 3:19 Pablo dice: "que seáis llenos hasta la medida de toda la plenitud de Dios". ¡No estoy seguro de que haya una idea más incomprensible que esa! Dios está en todas partes, al mismo tiempo. Las galaxias están llenas de Él. El mero tamaño del Eterno no se puede medir. Y ese Ser quiere llenarnos *con su plenitud*. Si solo quisiera llenarnos de sí mismo seríamos la parte más bendita de la creación, pero dice que quiere hacerlo *con su plenitud*. De nuevo, estas ideas no se pueden comprender. Se tienen que aceptar con el corazón y debemos considerarlas como invitaciones a una relación más profunda con Él y una mayor consciencia de nuestro diseño y propósito. Al rendirnos a la belleza de tales misterios quedamos bajo la influencia de verdades que están más allá del alcance del intelecto humano o su capacidad emocional.

---

13. *NKJV Spirit-Filled Life Bible* (Nashville, TN: Thomas Nelson, 1991), p. 357.

Otra frase sobre esta plenitud se encuentra en Efesios 5:18: *No os embriaguéis con vino [...]; antes bien sed llenos del Espíritu.* He escuchado al gran autor, predicador itinerante y orador internacional Randy Clark exponer brillantemente sobre el significado de este versículo. Nos recuerda que el vino no tiene efecto alguno sobre una persona mientras esté en la botella; y aún no tiene efecto alguno cuando está en un vaso. Debe pasar del vaso al estómago de un individuo para que tenga su efecto embriagador. La lección aquí no es complicada. Cuando algo está en ti, tiene un efecto. "Sed llenos del Espíritu" no es una sugerencia. Es un mandamiento: vive bajo la influencia "embriagadora" del Espíritu Santo.

Escuché una historia hace algunos años atrás sobre un gran evangelista que estaba hablando en una iglesia cuando uno de los ancianos llegó borracho de vino. El pastor obviamente estaba decepcionado y habló con el evangelista sobre la disciplina que debía aplicar a ese hombre. El orador invitado preguntó si todos los demás ancianos habían llegado llenos del Espíritu, ya que esa es la otra mitad del mandato en contra de la embriaguez. El punto es que nos ofendemos (y con razón) por la embriaguez del anciano, pero en raras ocasiones nos ofendemos cuando los líderes no son llenos del Espíritu.

El resumen es que, cuando el Espíritu Santo reside en nosotros, todo el cielo espera que haya resultados *en* nosotros (nuestro carácter) y *a través* de nosotros (en los dones sobrenaturales y naturales que ejercitamos para expresarlo bien a Él). La presencia misma de Dios en una persona hace que los imposibles de esta vida sean posibles.

FRUTO: CARÁCTER TRANSFORMADO

La presencia de Dios habitando en nosotros siempre tiene un impacto sobre los pensamientos, la conducta y el carácter de una persona. El fruto, o los efectos— de la obra del Espíritu Santo en un individuo son medibles. Son la evidencia de la gracia actuando en el hijo de Dios. Una de las mayores diferencias entre la ley y la gracia es que la ley *exige* mientras que la gracia *capacita*. La presencia de Dios que habita en una persona mediante la gracia produce el cambio de dentro hacia afuera. Las culturas religiosas, en el sentido negativo de los que abrazan formas sin poder y rituales sin relación, también requieren un cambio en sus miembros; sin embargo, ese cambio es siempre desde afuera hacia dentro. En otras palabras, está relacionado con lo que las personas puedan lograr mediante el esfuerzo humano, la disciplina y la determinación. En esas culturas, el incentivo para producir el cambio a menudo viene mediante el pensamiento grupal o la presión de los iguales. Al decir esto, no quiero hablar mal sobre la disciplina personal, que es una parte importante de nuestras vidas. Es solo que la fuerza de voluntad no puede cambiar la naturaleza de una persona. Solo la gracia de Dios, mediante la presencia del Espíritu Santo morando en uno, puede producir una experiencia transformadora. En el reino somos transformados desde dentro hacia afuera, desde donde vive el Espíritu de Dios, hacia las personas y circunstancias que nos rodean. Esta transformación es absolutamente necesaria porque nos capacita y equipa para representar bien a Jesús.

El apóstol Pablo describió este efecto en su epístola a la iglesia en Galacia:

> *Mas el fruto del Espíritu es amor, gozo, paz, paciencia, benignidad, bondad, fe, mansedumbre, templanza; contra tales cosas no hay ley. Pero los que son de Cristo han crucificado la carne con sus pasiones y deseos. Si vivimos por el Espíritu, andemos también por el Espíritu. No nos hagamos vanagloriosos, irritándonos unos a otros, envidiándonos unos a otros.* (Gálatas 5:22-26)

Lo primero que observo de este pasaje es que cuando se enumeran todas estas virtudes, *amor, gozo, paz, paciencia, benignidad, bondad, fe, mansedumbre y templanza*, se mencionan como un solo fruto. En singular. No se llaman "los frutos" del Espíritu Santo. Eso me asombra de muchas maneras. Es también muy alentador ver que siempre que Dios trata con nosotros en un área concreta, su obra transformadora tocará las demás áreas de nuestra vida, todas al mismo tiempo. En otras palabras, Él no solo intenta hacer que yo sea más paciente, sino que también intenta hacer que sea más bondadoso o más gozoso (o cualquiera de las demás cualidades enumeradas) a la vez. Todas las virtudes están interconectadas.

EN EL REINO SOMOS TRANSFORMADOS DESDE DENTRO HACIA AFUERA, DESDE DONDE VIVE EL ESPÍRITU DE DIOS, HACIA LAS PERSONAS Y CIRCUNSTANCIAS QUE NOS RODEAN.

DONES: EXPRESIONES MINISTERIALES

Al leer los cuatro Evangelios, vemos a Jesús mostrando las obras y maravillas de un Padre amoroso. Permíteme enfatizar de nuevo lo que dijo Jesús: "Si me han visto a mí, han visto al Padre" (ver Juan 14:9). Su principal misión fue revelar al Padre. Y el ejercicio de los dones del Espíritu Santo logra esto de varias maneras.

Al hablar de los dones del Espíritu Santo, quiero recordarte que aunque Jesús es eternamente Dios, en su vida terrenal escogió restringirse a hacer lo que veía hacer a su Padre y a decir lo que escuchaba de su Padre. En Hechos 10:38 se describe a Jesús como "sanando a todos los oprimidos por el diablo, **porque Dios estaba con él**". Como hemos mencionado, este versículo no está diciendo que Jesús no sea Dios, sino que enfatiza un aspecto muy importante del evangelio: Jesús se hizo hombre, y estableció un ejemplo para que pudiéramos seguir *si el mismo Espíritu está involucrado*. Las obras y milagros de Jesús son demasiado numerosas para narrarlas por completo en detalle (ver Juan 21:25); pero dondequiera que veamos a Jesús obrando, vemos al Espíritu Santo obrando. Como Dios, Jesús podía hacer cualquier cosa en cualquier momento, pero su estilo de vida era de una dependencia total del Padre, y eso se convirtió en el modelo para todos los que lo seguirían.

Si Jesús hubiera hecho sus milagros solo como Dios, yo estaría igual de impresionado, pero sería tan solo un espectador. Cuando entiendo que los hizo como hombre dependiente de Dios, ya no me conformo con quedarme como estoy. Aunque sienta que no doy la talla a la hora de vivir este estilo de vida de milagros, no tengo el derecho de cambiar mi tarea a algo diferente o "más fácil", sabiendo que Jesús pagó un costo tan alto por darnos este modelo a seguir.

El Espíritu Santo es quien tomó lo que Jesús había recibido del Padre (lo que el Padre estaba diciendo y haciendo) y lo puso en práctica revelando al Padre mediante las palabras y obras de Jesús. Jesús vivió dependiente del Padre en cuanto a todo lo que dijo e hizo. Pero fue el Espíritu Santo, *la paloma que permanece* (ver Juan 1:32-33), quien hizo que la esfera de lo milagroso fuera común en la vida diaria de Jesús. Y Él quiere hacer lo mismo a través de nosotros.

MANIFESTACIONES DEL ESPÍRITU: EDIFICANDO A LOS CREYENTES

El apóstol Pablo trató esta realidad del Espíritu Santo obrando con sus dones a través de nosotros de forma muy clara cuando habló a la iglesia en Corinto. Los nuevos creyentes de ese lugar estaban acostumbrados a servir a muchos dioses; sin embargo, a través de la enseñanza de Pablo estaban aprendiendo que todas las diversas manifestaciones de lo sobrenatural venían *de un mismo Espíritu*, no de varios espíritus o dioses.

Pablo dio a los creyentes corintios una lista de distintos dones o expresiones del Espíritu Santo. Como escribí más arriba, no creo que esta lista fuera para limitar o de algún modo contener las maneras en que Dios obra, pero sí revela sus maneras y su deseo de obrar a través de cada creyente mediante medios sobrenaturales.

*Y hay diversidad de operaciones, pero Dios, que hace todas las cosas en todos, es el mismo. Pero a cada uno le es dada la manifestación del Espíritu para provecho. Porque a este es dada por el Espíritu **palabra de sabiduría**; a otro, **palabra de ciencia** según el mismo Espíritu; a otro, **fe** por el mismo Espíritu; y a otro, **dones de sanidades** por el mismo Espíritu. A otro, el **hacer milagros**; a otro, **profecía**; a otro, **discernimiento de espíritus**; a otro, **diversos géneros de lenguas**; y* *a otro,* **interpretación de lenguas.** *Pero todas estas cosas las hace uno y el mismo Espíritu, repartiendo a cada uno en particular como él quiere.* (1 Corintios 12:6-11)

Para comenzar, es importante que reconozcamos tres ideas destacadas en este pasaje: (1) a cada uno de estos dones se le llama "manifestación" del Espíritu Santo; (2) cada uno es dado según la voluntad del Espíritu Santo; y (3) cada uno se debe usar "para provecho". Todos estos dones son para la edificación del creyente. Solamente un don, orar en lenguas, tiene como fin la edificación personal.

La expresión personal de las lenguas es para oración y alabanza, y edifica al que ora espiritualmente. Este tipo de lenguas no necesita una interpretación porque no es para la edificación de la asamblea reunida. Si crees que todas las lenguas se deben interpretar, te has perdido una parte de la enseñanza de Pablo (ver, por ejemplo, 1 Corintios 13:1; 14:4, 27-28), así como uno de los puntos del día de Pentecostés. Ciertas personas estaban confundidas y se burlaban de los 120 cuando todos hablaron en lenguas que no entendían. Esta fue la única reunión donde nadie sabía lo necesario para mostrar control y así eliminar la influencia del Espíritu Santo.

Al menos dos familiares míos escribieron en chino perfecto después de ser bautizados en el Espíritu Santo. Este, claro está, era un idioma que no conocían. Cuando un misionero chino vino a la ciudad, leyó esos documentos y les dijo que uno de ellos tenía escritas alabanzas a Dios y el otro tenía frases del Salmo 23. Notarás que lo que acabo de describir (escribir en un lenguaje desconocido mediante el Espíritu) no está específicamente en la lista de dones del Espíritu Santo de Pablo, pero es consistente con la naturaleza de esa lista: misterios revelados para la edificación de otros. No la contradice, sino que añade a nuestra comprensión de cómo actúan los dones del Espíritu Santo y para qué son.

Mi opinión es que como el Espíritu Santo, el Dador de dones espirituales, vive en cada creyente, es posible que actuemos en cualquiera de los dones en cualquier momento. Están contenidos en su persona, y Él habita en nosotros.

Cuando parece que no mostramos dones espirituales, parte del problema es que tendemos a pensar que estos dones nos "llegarán". En otras palabras, que algún tipo de acto soberano de Dios nos forzará o dirigirá a la manifestación de un don. Considera lo siguiente: el capítulo 12 de 1 Corintios revela una enseñanza brillante sobre los dones. El capítulo 14 desarrolla más esta enseñanza con más instrucciones prácticas, pero metido entre estos dos capítulos como si de un sándwich se tratara, tenemos uno de los capítulos más necesarios de toda la Biblia: 1 Corintios 13, el capítulo sobre el amor. ¿Por qué? Porque los dones son para la edificación del creyente. El capítulo 14 comienza con: *Seguid el amor; y procurad los dones espirituales* (v. 1). Esto implica que los dones no llegan a nosotros necesariamente de modo automático. Debemos desearlos fervientemente y buscarlos. ¿Y qué mayor motivación podría haber para perseguir estas diversas manifestaciones del Espíritu Santo que la motivación de amar a la Iglesia, ver a cada persona edificada y animada? El capítulo sobre el amor nos prepara para perseguir las manifestaciones del Espíritu Santo con la motivación correcta.

Por lo tanto, el capítulo 12 enfatiza que los dones se dan según la voluntad del Espíritu Santo. El capítulo 14 hace hincapié en que se les dan a los que los desean y persiguen. Esto no es una contradicción. Es una ampliación de un concepto misterioso que nos ayuda a entender mejor la asociación entre la soberanía de Dios y el deseo y la búsqueda de su pueblo. La soberanía de Dios reina de forma suprema. Como Dios que es, Él no necesita nada de nosotros, pero nos ha incluido en su plan, así que nuestras pasiones deberían reflejar su voluntad para nosotros. Tal vez debería decirse que somos capaces de perseguir los dones porque Él deseó primero que viviéramos un estilo de vida de ejercitar los dones espirituales, para su gloria y el beneficio de su pueblo.

Ser usado por Dios no tiene nada que ver con sentirse mejor uno mismo, con nuestra madurez espiritual, con nuestra importancia o relevancia. El uso de los dones espirituales ilustra un compromiso con el pueblo de Dios que dice: "El amor siempre busca lo mejor para otros. Y, ¿qué podría haber mejor que una muestra sobrenatural del corazón de Dios para su pueblo mediante las manifestaciones continuas del Espíritu Santo? Por lo tanto, yo procuraré con pasión las manifestaciones del Espíritu a través de mi vida".

Es importante entender que la revelación de los dones de 1 Corintios 12 no impartió los dones. La lista de dones reveló lo que podemos y debemos perseguir. A menudo pensamos que entendemos algo porque podemos citar un principio sobre ello que nos han enseñado. Pero un principio no se entiende en realidad hasta que se lleva a la práctica mediante la experiencia humana.

YA NO ES MUNDANO

Vivimos en dos realidades todo el tiempo: (1) el ámbito natural, que es el mundo visible y tangible en el que vivimos, con sus leyes físicas, principios y límites, y (2) el ámbito de lo sobrenatural, o el mundo espiritual, que es invisible pero influye y afecta todo lo que vemos y oímos. Aunque existimos dentro de estas dos realidades distintas, Dios existe solo en una realidad: lo "sobrenaturalmente natural". Todo es suyo. Lo sobrenatural e inexplicable para nosotros es perfectamente natural y lógico para Él. No hay distinción entre los dos. Entender esto nos ayudará a entender las verdades importantes que veremos en lo que queda de este capítulo. Tenemos la oportunidad de descubrir el gozo de los elementos naturales de la vida sobrenaturalmente empoderados. ¡Nada es mundano una vez que Dios lo toca!

Tal vez la mejor ilustración de esta realidad se encuentra en la vida de Salomón. Conocemos a Salomón como el hombre sabio. Su deseo de obtener sabiduría quedó plantado por primera vez en su corazón mediante la instrucción de su padre, David (ver Proverbios 4:3-9). Cuando Dios se le apareció a Salomón en su sueño y le preguntó qué deseaba tener, Salomón escogió la sabiduría. Dios quedó tan agradado con esta petición que también le dio a Salomón todas las demás cosas (riqueza, fama y seguridad) que él pudo haber pedido (ver 1 Reyes 3:4-10).

Poco después, la fama de Salomón se extendió por todo el mundo conocido. Personas de todas las naciones, enviadas desde todas las monarquías de la tierra, llegaban para sentarse a sus pies y recibir la influencia de la sabiduría divina (ver 1 Reyes 4:34). La visitante más destacada fue la reina de Saba. Ella pasó un tiempo considerable con Salomón, haciéndole preguntas y aprendiendo de este gran hombre. Tras hablar con él y ver la grandeza de su corte real, ella confesó que había pensado que lo que había escuchado hablar de Salomón era una exageración, pero que admitía que no le habían contado ni la mitad. Esto es lo que más me llama la atención sobre esta parte de la historia: cuando la Biblia, bajo la guía e inspiración del Espíritu Santo, menciona lo que llamó la atención a la reina de Saba sobre la sabiduría de Salomón, solo se describen cosas mundanas y triviales. No hay duda de que Salomón respondió misterios sobre la creación y el sentido de la vida. Sinceramente, a mí me encantaría tener un registro de esas conversaciones, pero Dios decidió enfocarse en cosas como la casa de Salomón, la comida que servía, los que se sentaban a su mesa, la ropa de sus sirvientes y la escalera desde la casa del rey hasta la casa de Dios. ¿Escaleras, ropa, comida, la función de los siervos y sillas? De todas las cosas profundas que se podrían haber enumerado, Dios escogió lo cotidiano (ver 1 Reyes 10:1-13).

Creo que uno de nuestros mejores viajes en esta vida es aprender a entregar las cosas naturales a la influencia de Dios y encontrar su deleite en lo que normalmente no parecería ser lo más emocionante de nuestra vida. Leemos en Proverbios: *Reconócelo en todos tus caminos, y él enderezará tus veredas* (Proverbios 3:6). "En todos tus caminos": en las relaciones familiares, posiciones en el ministerio y el trabajo, responsabilidades y pasatiempos, en todo. Reconoce a Dios como la fuente y la inspiración de todas estas cosas y su mano se acercará para influenciar y poner una marca en tu viaje. Cuando lo involucramos a Él en las cosas sencillas y prácticas de la vida, estas recibirán su toque, y veremos que hay más sentido en cada una de las partes de nuestra vida. En cuanto a la reina de Saba, las Escrituras dicen que cuando vio todo lo que tenía Salomón, "se quedó asombrada" (1 Reyes 10:5), lo cual significa básicamente que se quedó impresionada y sin poder articular palabra. Del mismo modo, las personas se quedaban "admiradas" siempre que Jesús, el hombre de sabiduría (ver 1 Corintios 1:30), hablaba (ver, por ejemplo, Mateo 7:28). Es tiempo de que el mundo se vuelva a quedar perplejo al ser testigo de la sabiduría y el poder que Dios quiere mostrar a otros a través nuestro.

Dios verdaderamente anhela que vivamos plenamente con base en una transformación personal, expresando los dones y las manifestaciones del Espíritu Santo para edificar más aún y fortalecer al pueblo de Dios, para darle gloria a Dios en todas las áreas de la vida. Esta es nuestra tarea privilegiada. Los dos elementos del fruto espiritual y los dones dan credibilidad al evangelio. Las buenas noticias son para todos, pero no todo acaba ahí. No termina cuando nos convertimos en personas de carácter o incluso personas con dones y poder sobrenaturales. Dios también quiere que nos sumerjamos en su presencia de tal modo, que todo lo que hay en nosotros quede saturado del Dios de maravillas, el Espíritu Santo que habita en nosotros y entre nosotros, saturado de Dios en esta tierra, el cual reside dentro de cada hijo de Dios. El deseo de Dios es capturar y volver a dar propósito a nuestros dones, tareas y funciones naturales.

UNO DE NUESTROS MEJORES VIAJES EN ESTA VIDA ES APRENDER A ENTREGAR LAS COSAS NATURALES A LA INFLUENCIA DE DIOS Y ENCONTRAR SU DELEITE EN LO QUE NORMALMENTE NO PARECERÍA SER LO MÁS EMOCIONANTE DE NUESTRA VIDA.

REUTILIZADOS

Hace unos cinco años atrás, mi esposa Beni y yo compramos una hermosa casa, pero el estilo del interior estaba desfasado. Soñábamos con algo más moderno y actualizado en funcionalidad y belleza. Destripamos la casa e incluso derribamos un par de paredes, pero una de las cosas que quería asegurarme de hacer era reconvertir todo lo que originalmente estaba en la casa y que no usaríamos allí. Por lo tanto, regalé el piso de roble a un amigo, quien pudo restaurarlo y usarlo en su propia casa, y se ve maravilloso allí. La carpintería del baño era excelente, pero no encajaba en nuestro diseño. Ahora se ve increíble en la casa de mi hermano. Los gabinetes de la cocina eran de la misma calidad de primera clase. Hice que nuestro constructor los reutilizara instalándolos en nuestro garaje. Hice lo mismo con el refrigerador y el congelador. Mi garaje ahora está equipado con excelencia y belleza gracias a la calidad de los materiales que se usaron primero en la casa principal. Los electrodomésticos de cocina de primera clase han encontrado su lugar en mi cocina exterior. El punto es este: aborrezco el desperdicio, pero también quería una sensación y función más nuevas para esa hermosa casa. Nada se desperdició. A todo se le dio un nuevo uso.

De modo similar, Dios reutiliza cada parte de nuestras vidas. Cambiando la analogía, cada experiencia y cada relación, buena o mala, cada éxito del pasado y también cada fracaso, pasa a la receta del Maestro Chef, que hace que "todas las cosas les ayudan a bien" (Romanos 8:28). Muchos de estos ingredientes tienen un sabor amargo en sí mismos, pero cuando Dios los redime, los reutiliza hasta que se convierten en el estándar dorado de lo que Él puede hacer con nuestras vidas. Esto es especialmente cierto con nuestros dones naturales. Se convierten en reutilizables hasta que le dan lugar a Dios para que los revele de las formas más sencillas y prácticas.

No cabe duda de que el joven David trabajó mucho para afilar sus habilidades con su honda, pero el toque de Dios sobre su don natural derribó a un gigante (ver 1 Samuel 17:40-50). Los hombres fuertes de David entrenaron mucho para ser excelentes soldados, pero sus logros, como que un hombre matara a ochocientos soldados solo con armas primitivas, fue algo sobrenatural (ver 2 Samuel 23:8). Estoy seguro de que Pedro, Santiago y Juan se comprometieron a convertirse en los mejores pescadores posibles para poder proveer para sus familias, pero llegó el momento en que sus barcas casi se hundieron porque una pesca muy abundante (ver, por ejemplo, Lucas 5:1-10) reveló nuevamente que a Dios le encanta asociarse con los dones, tareas y habilidades naturales. Su toque sobre lo normal lo cambia todo, haciendo que todos los aspectos de nuestra vida sean parte de nuestra gran aventura con Él.

LA TARJETA DE VISITA DE DIOS

En capítulos sucesivos hablaré más sobre el maravilloso tema de ser llenos del Espíritu, pero quiero regresar al libro de Éxodo, que menciona algo tan asombroso sobre ser lleno del Espíritu Santo, que debo destacar aquí y ahora los efectos de la presencia en nosotros del Espíritu. Cuando nos asociamos con Él, dependemos de Él y nos entregamos por completo a Él, todo se convierte en un potencial objeto de su toque intencionado.

> *Habló Jehová a Moisés, diciendo: Mira, yo he llamado por nombre a Bezaleel hijo de Uri, hijo de Hur, de la tribu de Judá; y lo he llenado del Espíritu de Dios, en **sabiduría** y en **inteligencia**, en **ciencia** y en **todo arte**, para inventar **diseños**, para trabajar en oro, en plata y en bronce, y en artificio de piedras para engastarlas, y en artificio de madera; para trabajar en toda clase de labor.* (Éxodo 31:1-5)

Este es mi ejemplo favorito en las Escrituras de los efectos del Espíritu Santo sobre los dones naturales en nuestras vidas. Bezaleel fue usado por Dios para la construcción del complejo mobiliario del tabernáculo bajo la dirección de Moisés. Una vez más, es la primera persona en las Escrituras de quien se menciona que es lleno del Espíritu Santo. Esta llenura se manifestó en "sabiduría", "inteligencia", "ciencia", "todo arte" y "para inventar diseños". El efecto de la sabiduría, la manifestación inicial de la plenitud el Espíritu en la vida de este hombre, es impresionante.

La sabiduría es creativa por naturaleza, allanando el camino para un aumento de conocimiento y entendimiento. Como puedes imaginar, cuando estas áreas funcionan en nuestras vidas, nos capacitan para que ejerzamos influencia sobre este mundo de maneras únicas y atractivas. Atractivas en el sentido de que la gente a la que servimos valora y desea lo que aportamos. No me gusta dar la idea de que los creyentes son la única fuente de soluciones para los problemas del mundo. No estoy seguro de que eso fuera bueno para nosotros, pero debemos ser una influencia importante mediante nuestro corazón de amor y servicio a la humanidad y nuestra mentalidad de "nada es imposible" en cuanto a los asuntos de la vida. El Espíritu Santo hace posible que sirvamos bien de este modo. Él tiene todas las respuestas necesarias para cada problema en el planeta. Como escribí en un capítulo anterior, soluciones y expresiones creativas están esperando a que las descubramos. De nuevo, el Espíritu Santo es tan asombrosamente poderoso que a menudo es fácil que olvidemos que Él es igualmente práctico.

A menudo nos limitamos a nosotros mismos en esta tarea al esperar ser rescatados de las crisis del mundo, en lugar de ser la sal, la luz y la levadura que el mundo necesita. Cada uno de estos elementos de los que Jesús habló tiene una influencia en sus entornos. Cuando buscamos escapar de este mundo para ir al cielo, estamos perdiéndonos la oportunidad de traer el cielo a la tierra de maneras prácticas. Tales manifestaciones de la bondad de Dios, mediante la obra del Espíritu Santo en los creyentes, son su tarjeta de visita, para que los espectadores sientan hambre por la Fuente de cada solución.

Si no ocupamos nuestro lugar legítimo persiguiendo respuestas a las necesidades del mundo con excelencia, creamos un vacío que los incrédulos a menudo se encargarán de llenar. Si los hijos de Dios no sacan partido de su posición para descubrir soluciones (misterios del reino), Dios honra a cualquiera que las persiga. Tal vez lo hace en parte por su corazón para toda la humanidad, esperando que su bondad guíe a las personas al arrepentimiento (ver Romanos 2:4). Sirvamos bien a otros usando todo lo que el Espíritu Santo nos provee a través de sus frutos, dones e influencia en cada área de nuestra vida, ya sea abiertamente espiritual o "mundano".

PARTE TRES:

UN ESTILO DE VIDA REBOSANTE

LLENOS Y REBOSANDO

Jesús les dio una instrucción específica y esencial a sus primeros discípulos:

> Y estando juntos, les mandó que no se fueran de Jerusalén, sino que esperasen la promesa del Padre, la cual, les dijo, oísteis de mí. Porque Juan ciertamente bautizó con agua, mas **vosotros seréis bautizados con el Espíritu Santo** dentro de no muchos días... **pero recibiréis poder,** cuando haya venido sobre vosotros el Espíritu Santo, y **me seréis testigos** en Jerusalén, en toda Judea, en Samaria, y hasta lo último de la tierra.   (Hechos 1:4-5, 8)

Solo mediante este poder del Espíritu Santo podemos ser una representación fiel (ser testigos de) quién es Jesús.

NUESTRA NECESIDAD DE AUTORIDAD Y PODER

Mientras Jesús estuvo en la tierra les dio a sus discípulos autoridad y poder para poder trabajar con Él en su ministerio (ver, por ejemplo, Lucas 9:1-6; 10:1-20). En un sentido, todo lo que hacían era bajo los dones y la autoridad de Él; pero cuando Jesús ascendió al cielo, ellos necesitaban recibir estas dos gracias de la autoridad y el poder por sí mismos.

Los seguidores de Jesús recibieron autoridad en la Gran Comisión. La autoridad en la que caminamos va en proporción a cómo hemos aceptado su misión, a la cual hemos sido llamados, como ya hemos visto:

*Y Jesús se acercó y les habló diciendo: **Toda potestad me es dada** en el cielo y en la tierra. **Por tanto, id**, y haced discípulos a todas las naciones, bautizándolos en el nombre del Padre, y del Hijo, y del Espíritu Santo; enseñándoles que guarden todas las cosas que os he mandado; y he aquí yo estoy con vosotros todos los días, hasta el fin del mundo.*

(Mateo 28:18-20)

Imagino que los discípulos habían estado llenos de gozo y asombro cuando el Cristo resucitado estaba de pie entre ellos, dándoles instrucciones que debían seguir el resto de sus vidas (ver Lucas 24:36-49). Parte de esas instrucciones se referían a su misión de ir por toda la tierra llevando el evangelio, pero Jesús les advirtió que no cumplieran esa comisión hasta que tuvieran la otra gracia: poder. *He aquí, yo enviaré la promesa de mi Padre sobre vosotros; pero quedaos vosotros en la ciudad de Jerusalén, hasta que seáis investidos de poder desde lo alto* (Lucas 24:49).

Jesús dejó claro que son necesarios poder y autoridad para llevar a cabo nuestra tarea como sus discípulos. Lo dejó claro por la manera en la que vivió y entrenó a sus discípulos durante su ministerio terrenal. Y después reafirmó esta verdad en sus instrucciones después de resucitar. Es nuestra responsabilidad perseguir y recibir lo que Dios nos ha prometido y ha puesto a disposición de todos los creyentes. La autoridad viene con el llamado, mientras que el poder viene a través de un encuentro con el Espíritu Santo.

"SED LLENOS DEL ESPÍRITU"

*No os embriaguéis con vino, en lo cual hay disolución; antes bien **sed llenos del Espíritu**, hablando entre vosotros con salmos, con himnos y cánticos espirituales, cantando y alabando al Señor en vuestros corazones.* (Efesios 5:18-19)

En griego, las palabras traducidas como "sed llenos" están en el presente imperativo, lo cual significa que debemos estar siendo llenos del Espíritu Santo continua y constantemente.[14] Mantenernos en ese lugar nos permite servir bien tanto a tiempo como fuera de tiempo (ver 2 Timoteo 4:2), con autoridad y con poder, a menudo logrando grandes cosas sin ni siquiera intentarlo. Este tipo de estilo de vida a veces permitirá a la persona sobre la cual descansa el Espíritu ver más milagros ocurrir "por accidente" que cuando los buscaba intencionalmente.

Al hablar sobre el significado de Efesios 5:18, Ché Ahn explica que el versículo indica "ser continuamente llenos de la plenitud del Espíritu Santo".[15] Me encanta eso. Ser continuamente lleno de la plenitud del Espíritu Santo. Ser continuamente lleno impacta a las personas a las que ministramos, pero también afecta nuestra propia actitud, esperanza y manera de pensar acerca de cualquier imposibilidad presente en nuestras vidas. Nuestro nivel de confianza en Dios llega a su máximo esplendor cuando vivimos siendo conscientes de *Emanuel, Dios con nosotros* (ver Mateo 1:23). Otra forma de expresar esta idea es que cualquier cosa que se convierta en un banquete continuo para nuestra alma rebosa hasta convertirse en un banquete para todos aquellos que están bajo nuestra influencia.

14. "What Does It Mean 'Be Filled with the Spirit'?", A Series on the Holy Spirit—Baptism Versus Filling: Part 4, http://helpmewithbiblestudy.org/3HolySpirit/DefBeFilled.aspx.
15. Ché Ahn, "How to Stay Continually Filled and Overflowing in the Holy Spirit", 21 de octubre de 2019, The Passion Translation, https://www.thepassiontranslation.com/how-to-stay-continually-filled-and-overflowing-in-the-holy-spirit.

Por supuesto, Jesús fue el primero en modelar este estilo de vida. Tal vez por eso la gente podía simplemente tocar su ropa y recibir su milagro. Jesús era continuamente lleno del Espíritu. A menudo iba a un monte para orar; a veces toda la noche. Aquí tienes un recordatorio de cómo permanecer lleno: haz el esfuerzo consciente de permanecer en alabanza y oración ante Dios. *Estad siempre gozosos. Orad sin cesar. Dad gracias en todo* (1 Tesalonicenses 5:16-18). Esta actitud ante la vida nos mantiene continuamente delante de Dios con gozo, interactuando con Él respecto a todos los asuntos de la vida, dándole gracias y alabanzas en medio de las dificultades y la incertidumbre. Nos mantiene bajo su influencia constante.

> CUALQUIER COSA QUE SE CONVIERTA EN UN BANQUETE CONTINUO PARA NUESTRA ALMA REBOSA HASTA CONVERTIRSE EN UN BANQUETE PARA TODOS AQUELLOS QUE ESTÁN BAJO NUESTRA INFLUENCIA.

También dio Juan testimonio, diciendo: Vi al Espíritu que descendía del cielo como paloma, y permaneció sobre él. Y yo no le conocía; pero el que me envió a bautizar con agua, aquel me dijo: Sobre quien veas **descender el Espíritu y que permanece sobre él,** *ese es el que bautiza con el Espíritu Santo. Y yo le vi, y he dado testimonio de que este es el Hijo de Dios.* (Juan 1:32-34)

En la experiencia de Juan el Bautista se demostró que Jesús era el Hijo de Dios porque el Espíritu Santo vino sobre Él *y permaneció sobre Él.* Como expliqué en el capítulo "Creados para acoger", tal vez esto podría ser evidencia de nuestra conversión (convertirnos en hijos e hijas de Dios): que seamos un pueblo sobre el cual el Espíritu Santo reposa continuamente; aquellos que son constantemente llenos de su plenitud.

En el mundo natural, estar lleno suele significar estar saciado. En el reino es al contrario (esta es otra paradoja del reino). Las personas con más hambre espiritual que conozco son aquellas a quienes se les da mejor vivir un estilo de vida que consiste en ser continuamente llenos del Espíritu Santo. Buscan constantemente *más* de Dios. Esto no hace referencia a lo que les falta o no tienen. Es un testimonio de todo lo que está disponible en Él. Siempre hay más. Y solo los que son como niños pueden verlo e ir tras ello, a veces incluso de manera descontrolada. Tal vez a esto se refería a Pablo cuando dijo: *Esfuércense en seguir el amor y ambicionen los dones espirituales* (1 Corintios 14:1, NVI). Esto se refiere a una búsqueda agresiva, enfocada e intencional de que las realidades de la naturaleza y las habilidades del Espíritu Santo fluyan a través de nosotros para influir de manera positiva en las personas que nos rodean. El Espíritu sobreabunda de manera maravillosa en nuestras vidas no solo hacia otros creyentes, sino también hacia aquellos que aún no conocen a Cristo.

SER LLENOS DEL ESPÍRITU

En nuestro mundo estamos rodeados de imposibilidades; y, sin embargo, en el núcleo del evangelio encontramos esta declaración: *Nada hay imposible para Dios* (Lucas 1:37). Esa no es una afirmación filosófica para hacernos sentir mejor cuando la vida se pone difícil. Es una declaración audaz del cielo que tiene resultados medibles. Es una declaración que busca colaboradores en la tierra que ayuden a que sea *en la tierra como en el cielo*. Las imposibilidades deben arrodillarse cuando el nombre de Jesús sale de nuestros labios. Esto debe ocurrir, porque lo milagroso testifica y proclama que Jesús se ha levantado de los muertos. Si no hay resurrección, entonces todos estamos perdiendo el tiempo. Si Jesús no ha sido levantado de los muertos, nosotros tampoco seremos levantados. No hay cielo, ni eternidad, ni vida más allá de nuestro tiempo aquí en la tierra (ver 1 Corintios 15:14-20). Sin la resurrección, tenemos permiso para vivir para nosotros mismos. Sin embargo, si Jesús resucitó de entre los muertos, entonces no hay nada más importante… ¡y Él resucitó!

Ser bautizado en el Espíritu Santo nos sumerge en el mismo Espíritu que levantó a Jesús de los muertos: el Espíritu de resurrección. De hecho, hemos nacido de nuevo porque el Espíritu de resurrección de Cristo viene a habitar en nosotros. Su resurrección se convierte en nuestra nueva vida.

La vida de poder es la vida cristiana normal, y comenzó con la derrota del pecado, la muerte, los poderes de la oscuridad y la tumba. Jesús hizo más énfasis en este asunto de lo que cualquiera hubiera pedido o esperado, diciendo que aquellos que creyeran en Él harían obras "aún mayores" que las suyas (ver Juan 14:12). Y las "obras" de las que habla en ese pasaje se refieren, sin duda, al ámbito de lo milagroso.

Muchas veces cuando enseño acerca de este tema de ser llenos del Espíritu, muestro una botella de agua sin abrir y entonces pregunto si la botella está llena. Por supuesto que, para que se pueda vender, está llena. Pero la altura a la que llega el agua está claramente varios centímetros por debajo de la boca de la botella, así que técnicamente no está completamente llena. Entonces tomo otra botella de agua y con cuidado comienzo a verter su contenido en la botella que acabo de abrir, pidiéndole a la gente que me diga cuando está llena. Todo el mundo se da cuenta de que la botella solo está realmente llena cuando comienza a rebosar. Con la llenura del Espíritu Santo ocurre lo mismo que con la abundancia en el reino, que no se mide por lo que tenemos sino por lo que hemos dado: solo estamos llenos del Espíritu cuando rebosamos.

> SER BAUTIZADO EN EL ESPÍRITU SANTO NOS SUMERGE EN EL MISMO ESPÍRITU QUE LEVANTÓ A JESÚS DE LOS MUERTOS: EL ESPÍRITU DE RESURRECCIÓN.

La sobreabundancia no se ve solo en el ministerio hacia los demás a través de dones espirituales, actos de bondad, oración y demás. Siempre se puede servir a las personas siguiendo los principios de la Palabra de Dios y ser más o menos efectivos en cada una de las áreas que he mencionado. En otras palabras, puedo hacer estas cosas y seguir estando completamente seco y alejado de un *estilo de vida sobreabundante*. Dios honra su Palabra y nuestra obediencia, y ocurren cosas buenas. La sobreabundancia de la que hablo se refiere más a la realidad tangible de su presencia que descansa sobre nosotros. Esto afecta nuestro semblante. También afecta y fluye de nuestro ser, nuestra presencia. Soy consciente de que eso sonará extraño para algunas personas, pero piensa en esto: hubo personas que se sanaron al exponerse a la sombra de Pedro (ver Hechos 5:15). ¿Por qué ocurría eso? Una sombra no tiene sustancia, pero la realidad del reino de Dios nos revela lo siguiente: nuestra sombra siempre liberará lo que sea que nos cubre. Vivir en la realidad de ser lleno del Espíritu Santo afecta lo que nos rodea.

Hace muchos años atrás, mi oficina estaba al otro lado de la calle de un supermercado ecológico que estaba al lado de una oficina de correos. En la mañana, caminaba desde mi oficina a la oficina de correos, a menudo deteniéndome en el supermercado al regresar para comprar cosas para el almuerzo. Comencé a detenerme en la puerta trasera del supermercado para orar antes de entrar. Después de ser consciente de la presencia de Dios sobre mí, entraba en la tienda y compraba lo que necesitaba. Esto se convirtió en una práctica habitual. Un día el dueño, que ya era mi amigo, me llamó mientras estaba haciendo la compra, diciendo: "Bill, ven aquí". Caminé hacia donde él estaba en la sección de verduras ecológicas y él continuó diciendo: "Cuando tú entras en la tienda, algo cambia". No creo que yo fuera más espiritual que otros creyentes que hacían la compra allí. Tampoco creo que estuviera más lleno del Espíritu Santo que los demás. Pero es posible que fuera el único que esperaba de manera intencional hasta que el Espíritu Santo descansara sobre mí antes de entrar. Esto afectó de tal modo al ambiente, que hasta el dueño se dio cuenta. Le expliqué que lo que sentía era la presencia de Dios.

En esencia, esta manifestación de la presencia de Dios era un cumplimiento de la promesa que Jesús les hizo a sus discípulos en el versículo tan importante que se encuentra en el pasaje acerca de las vides y el viticultor: *Si permanecéis en mí, y mis palabras permanecen en vosotros, pedid todo lo que queréis, y os será hecho* (Juan 15:7). Como resalté anteriormente, este versículo es la máxima expresión de colaborar con Cristo. A medida que aprendemos a vivir en la realidad tangible de su presencia que habita en nosotros, y mantenemos su Palabra en el primer lugar de nuestros pensamientos y meditaciones, podemos pedir cualquier cosa y nos será hecha. Te recuerdo que Dios siempre tendrá el derecho a decir no a una petición que socave nuestro propósito o nuestra identidad.

Aunque la idea de que podemos pedir cualquier cosa y nos será hecha puede molestar a mucha gente, piensa en esto: Salomón fue el único a quien se le dio la oportunidad de *pide lo que quieras*; hasta que llegó Jesús. Ahora, todos los creyentes han recibido una invitación a tener una relación con Dios en la cual lo que oran realmente importa. *Todo lo que pidamos será hecho.* Como hemos hablado antes, este concepto se menciona cuatro veces en Juan 14, 15 y 16. El Espíritu Santo, aunque no se menciona directamente, es el activador que hace que eso ocurra. Él es la Presencia que habita. Él hace que la Palabra de Dios cobre vida para aquellos que la leen y así pueda convertirse en la simiente de la naturaleza de Dios que habita en nosotros. Él es también la fuerza impulsora detrás de cualquier oración ungida. El Espíritu Santo nos equipa para influir en lo que ocurre en las personas y a través de ellas, cumpliendo los deseos del corazón del Padre, "en la tierra como en el cielo" (Mateo 6:10, varias traducciones).

LA LÍNEA DIVISORIA

La frase de la Biblia: "la lluvia temprana y la tardía" (ver, por ejemplo, Santiago 5:7) me ayudó a entender un poco cómo y por qué hubo un derramamiento tan poderoso del Espíritu Santo en Pentecostés como se describe en el libro de Hechos, lo cual hemos visto ocurrir de manera similar en los últimos cien años aproximadamente. Expertos en el crecimiento de la iglesia atribuyen el crecimiento extraordinario de la misma en tiempos recientes al derramamiento pentecostal que tuvo lugar a principio de la década de 1900 en el avivamiento de la Calle Azusa. Eddie Hyatt, en su maravilloso libro titulado *2000 Years of Charismatic History* [2000 años de cristianismo carismático], demuestra que hay gente en la Iglesia que ha experimentado la plenitud del Espíritu Santo durante todas las épocas de los últimos dos milenios.[16] Por lo tanto, esta experiencia y estilo de vida nunca desaparecieron. Pero en el avivamiento de Azusa ocurrió algo que lo llevó todo de nuevo al primer plano; de las sombras al centro de atención.

---

16. Ver Eddie L. Hyatt, *2000 Years of Charismatic History* (Lake Mary, FL: Charisma House, 2002).

Por desgracia, las manifestaciones del Espíritu Santo obrando a través de los creyentes han sido malinterpretadas por muchas personas en el cuerpo de Cristo, causando una separación entre creyentes dentro de la Iglesia y obstaculizando el poder de nuestro testimonio para Jesús. Vemos una ilustración de esto en lo que ocurrió con las doce tribus de Israel cuando recibieron su herencia en la tierra prometida.

Israel fue una vez una nación de esclavos. Había posiblemente hasta dos millones de israelitas viviendo en Egipto, el lugar en el que José había servido como mano derecha de faraón. José llevó sabiduría, seguridad y mucha prosperidad a esa nación, pero a medida que se levantaron nuevos líderes en Egipto, los israelitas perdieron el favor y pasaron de ser invitados de honor a estar cautivos en un imperio tirano. Aumentaron en número y en vigor; Dios los estaba preparando y equipando con valentía para el peligroso viaje que estaba por llegar y que sería la puerta de entrada a su futuro lleno de propósito.

La narrativa de su libertad, guiada por Moisés y Josué, está llena de algunas de las historias y lecciones más simples pero profundas de toda la Biblia. Las historias de esta naturaleza son muy útiles para mí porque ilustran, de manera muy práctica, nuestro caminar con Dios. No necesitas una carrera universitaria o un don espiritual especial para entenderlas. Están a la vista de cualquiera que tenga interés en su propio crecimiento personal.

La historia de Israel está llena de altibajos, con eventos tanto atractivos como difíciles, a medida que intentaban tomar posesión de su herencia en la tierra prometida. La primera generación no consiguió entrar a esta tierra por su incredulidad. A menudo se ha dicho, como mencioné antes, que fue fácil sacar a los israelitas de Egipto, pero fue mucho más difícil intentar sacar Egipto del corazón de los israelitas. El Egipto de su interior estaba lleno de estilos de vida idólatras que hacían difícil vivir una vida de fe. El resultado era la incredulidad.

Imagina ser uno de los israelitas de segunda generación en el desierto. Has estado preparándote por cuarenta años para este momento. Sientes que se acerca el momento en el que las doce tribus están a punto de entrar al cumplimiento de su sueño. Pero no era solo su sueño; como segunda generación, estaban armados del mismo propósito y llamado que la primera generación que recibió la promesa inicialmente.

Entonces, antes de cruzar el río hacia la tierra prometida, dos tribus y media deciden que prefieren la tierra del lado del río Jordán que pertenece al desierto. Parecía perfecta para la visión que tenían de sus propias vidas. Así que le pidieron a Moisés permiso para quedarse y recibir esa tierra como su heredad, prometiendo cruzar a la tierra prometida para ayudar a las demás tribus a tomar posesión de su propia herencia con su apoyo militar. Eso es lo que hicieron estas tribus, y la nación entera entró al cumplimiento de la promesa de Dios.

Nueve tribus y media vivían en el lado del río que pertenecía a la tierra prometida, y dos tribus y media vivían al otro lado; un lugar que se convirtió en su herencia. Esta tierra estaba marcada por la misma abundancia y bendición que el lado de la tierra prometida, así que no era menos en el sentido de ser una tierra abandonada. También tenía bendición (ver Números 32; Josué 22:1-4).

Sin embargo, esta es la realidad que enfrentaba la nación de Israel: había un río que dividía a las tribus. Esta es la analogía que veo en la Iglesia hoy. La Iglesia está dividida por un río: el río del Espíritu Santo, ya que así es como lo llamó Jesús en Juan 7:38-39 (este tema lo exploraremos más en profundidad en un capítulo posterior). Este río del Espíritu tiene a personas habitando en ambas orillas, a menudo con opiniones contrarias. Generalmente tienen dos sistemas de creencias y prácticas diferentes en relación a cómo actúa el Espíritu Santo en la actualidad, y suelen tener dos disciplinas y énfasis diferentes, aunque ambos grupos están comprometidos con honrar el nombre de Jesús. Existen aquellos que creen en la obra del Espíritu Santo para convertirnos en nuevas criaturas en Cristo y darnos el poder y la sabiduría para vivir para Dios con todo nuestro corazón, pero creen que el bautismo en el Espíritu Santo y los dones del Espíritu eran solo para la época de los apóstoles. Y después están aquellos que, como yo, creemos que el bautismo del Espíritu y los dones y manifestaciones espirituales fueron dados a los creyentes de todas las épocas y son especialmente necesarios en la Iglesia hoy. Aunque hay diferencias importantes en estas dos maneras de pensar, la unidad es posible si los creyentes están dispuestos a encontrar terreno común y luchar por aquellos que están al otro lado del río. La disposición de las tribus israelitas a luchar por la herencia y el bienestar de aquellos que estaban al otro lado del río es lo que les permitió entrar de lleno en su herencia y su identidad.

La mayoría de las familias tienen miembros que piensan de manera diferente; pero en muchos casos todos se sientan a la mesa para celebrar fiestas y las victorias de la vida juntos. Ser una familia llena de amor y comportarnos con honor hacia los demás miembros debe ser un valor predominante de nuestro propósito en la vida. Porque solamente entonces podremos beneficiarnos del poder exponencial que la unidad produce y que tanto necesitamos. La unidad, incluso en medio de nuestras diferencias, es lo que ayudará a capacitar a todo el cuerpo de Cristo para ser lleno del Espíritu y rebosar, y así ser de impacto en el mundo (ver Juan 13:35).

LAS LENGUAS Y EL BAUTISMO EN EL ESPÍRITU

El punto que divide a muchos cristianos es, sin duda, el bautismo en el Espíritu Santo, pero especialmente la manifestación de hablar en lenguas, aunque hay otras expresiones de dones espirituales y demás manifestaciones que producen preocupación a algunas personas. Como he expresado en el capítulo anterior, hablar en lenguas es hablar en un lenguaje que uno no conoce. Puede ser un idioma humano o de los ángeles (ver 1 Corintios 13:1). La naturaleza "irracional" de esta expresión ha hecho que muchas personas la rechacen completamente, llamando "locos" o "fuera de control" a las personas que hablan de esa manera. Hay muchos buenos libros sobre el tema de las lenguas. No es mi intención intentar abordar este tema en su totalidad, ya que la controversia sobre los lenguajes espirituales no es el enfoque de este libro, pero me gustaría hablar brevemente acerca de este don del Espíritu Santo en particular. Me entristece un poco que haya personas que no deseen hablar en lenguas en sus oraciones personales por ser el único don espiritual de la lista que tiene beneficios directos para el que lo usa: la edificación, para comenzar. Todos los demás dones del Espíritu son para la edificación del cuerpo de Cristo. Durante tales tiempos de oración en el Espíritu podemos recibir el poder que necesitamos para proclamar a Jesús al mundo.

Pablo nos ordenó que no le impidamos a nadie hablar en lenguas. También expresó su deseo de que todos pudieran tener y usar este don espiritual, afirmando que él hablaba en lenguas más que nadie (ver 1 Corintios 14:1-5, 18, 39). Pablo modeló un estilo de vida que deseaba que todos siguieran.

Hay personas que hacen de lado el don espiritual de las lenguas porque lo llaman "el menor" de los dones. Aunque Pablo sí dice que algunos dones son "mejores" (1 Corintios 12:31), me sigue pareciendo extraño que alguien diga que algo que ha sido dado por Dios carece de valor y, por lo tanto, puede ser desechado. Si mis hijos desecharan un regalo que les he dado porque no es tan caro como otro, estaríamos teniendo una conversación muy seria como mínimo. Dios es el dador de buenos regalos. Solo buenos regalos.

Cuando hablamos en lenguas, el Espíritu Santo ora través de nosotros con oración de intercesión o alabanza (como cuando los discípulos proclamaban "las maravillas de Dios" (Hechos 2:11) en Pentecostés. Estoy seguro de que todos nosotros hemos llegado al punto de orar sobre un asunto y no tener palabras para expresar completamente lo que hay en nuestros corazones con respecto a ese asunto. En esos momentos, duele ser consciente de que hay más que decir pero las palabras nos fallan. Orar en lenguas nos ayuda en este punto, porque el Espíritu Santo ora través de nosotros con una precisión y un poder brillantes.

También estoy seguro de que todos nosotros hemos llegado al punto de ya no poder expresar la totalidad de lo que hay en nuestros corazones para Dios mismo cuando lo estamos alabando. Alabar en lenguas nos saca de nuestra propia escasez (de sabiduría, de valentía y de fe) y nos lleva a una abundancia que representa mejor la naturaleza de Dios. En esos momentos, el Espíritu Santo es el que empodera y dirige nuestra adoración, haciendo que sea efectiva en nuestra ministración a Dios. Y ambas expresiones resultan en oraciones respondidas y encuentros más profundos con Dios a través de la adoración, lo cual nos conduce a la edificación personal y al fortalecimiento. Como he enfatizado antes, la adoración es una actividad que nace del Espíritu Santo y Él es el que la dirige (ver Juan 4:24).

Los versículos que he mencionado acerca de las lenguas fueron inspirados por el Espíritu Santo mismo. En lugar de hacer que nuestra discusión acerca de las lenguas sea sobre quién tiene o no razón en este asunto, tal vez podríamos simplificarlo intensamente y enfatizar que *el Espíritu Santo es un don (regalo)*. Los regalos son gratis. No se pueden ganar. Juntos, permitamos que el Espíritu Santo haga su voluntad, sea cual sea.

> *EL ESPÍRITU SANTO ES EL QUE EMPODERA Y DIRIGE NUESTRA ADORACIÓN, HACIENDO QUE SEA EFECTIVA EN NUESTRA MINISTRACIÓN A DIOS.*

Al debatir sobre el asunto de las lenguas, hay gente que ha preguntado si nacer de nuevo y ser bautizado en el Espíritu son posiblemente una y la misma experiencia. Yo creo que no. A mi modo de ver, ser bautizado en el Espíritu Santo parece ser una segunda obra de gracia. Por ejemplo, en Juan 20 Jesús sopla sobre sus once discípulos restantes y dice: "Recibid el Espíritu Santo" (v. 22). Una persona recibe al Espíritu Santo cuando nace de nuevo. Esto no podía pasar antes de la muerte y resurrección de Jesús. Cuando Jesús les dijo a sus discípulos que recibieran al Espíritu Santo, había resucitado y los ministraba antes de regresar al cielo para sentarse a la derecha de su Padre. Fue a ese mismo grupo de discípulos que les dijo que no abandonaran Jerusalén hasta que hubieran sido "revestidos del poder de lo alto" (Lucas 24:49, NVI). Por lo tanto, aquellos que habían nacido de nuevo ahora necesitaban poder para completar su misión. Son dos obras de gracia distintas.

La Iglesia ha dejado mucho que desear en varias áreas por distraerse con asuntos menos importantes a lo largo de los años. El Espíritu Santo inspiró estas palabras: *Recibiréis poder, cuando haya venido sobre vosotros el Espíritu Santo* (Hechos 1:8). Lo cierto es que hay muchas personas que pueden orar en idiomas espirituales, pero no caminan en poder. Yo, sin embargo, nunca quiero usar esa realidad para quitarle importancia al don de orar en el Espíritu. Por el contrario, también hay muchas personas que no oran en lenguas, pero sí caminan con mucho poder espiritual.

A menudo, los críticos de los dones espirituales señalan a los que ejercitan algún don espiritual, pero llevan una vida inconsistente con sus afirmaciones de espiritualidad. En otras palabras, la persona utiliza su don de manera inapropiada o afirma estar llena del Espíritu Santo, pero tiene importantes fallas de carácter en su vida. Estas observaciones no tienen sentido como argumento para descalificar la importancia de lo sobrenatural en nuestro caminar con Dios. Si alguien intenta tocar una obra del gran compositor Johann Sebastian Bach y lo hace mal, no culpamos a Bach. La mala ejecución es responsabilidad íntegra de la persona que intenta tocar. Eso no significa que la música esté mal escrita o que le falte belleza o carácter. De la misma manera, yo creo que desestimar la necesidad de los dones debido a quienes los utilizan mal, es una de las máximas expresiones de necedad. El Dador de dones es perfecto. Tanto su diseño como sus intenciones son perfectas. Nosotros ilustramos su señorío en nuestras vidas rindiéndonos a Él, a menudo en asuntos que van más allá de nuestro entendimiento. De hecho, normalmente es mi rendición en medio de la incertidumbre más que mi aceptación de una teoría o una creencia doctrinal lo que demuestra su señorío sobre mi vida. Es nuestra responsabilidad aceptar nuestra tarea de utilizar los dones del Espíritu; pero debemos aprender a hacerlo de manera que todo el honor sea para el nombre de Jesús.

EL PODER ES EL PROPÓSITO

Mi formación fue como pentecostal/carismático, y el enfoque tradicional en el que me crie es que hablar en lenguas es la primera evidencia externa de ser bautizado en el Espíritu Santo. Veo buenas razones para creer eso. También veo razones para no ser tan dogmático con ese tema. Oí a uno de los padres del movimiento pentecostal decir que poner el foco en hablar lenguas como evidencia del bautismo en el Espíritu es igual que poner el foco en mojarse en el bautismo en agua. Por supuesto que ocurre como resultado de la experiencia, y es un don maravilloso y necesario; sin embargo, no es el punto. Lo importante es el *poder*. Estar revestidos de poder era la razón detrás de la orden de ser llenos del Espíritu (ver Lucas 24:49;

Hechos 1:8). Por eso no solo debemos ser llenos, sino también rebosar con el Espíritu siendo instrumentos del poder de Dios en el mundo.

PODER Y SABIDURÍA

Cuando se trata de los dones y las manifestaciones del Espíritu Santo, el poder y la sabiduría van de la mano. Volvamos de nuevo al ejemplo de Bezaleel, la primera persona que la Biblia menciona que fue llena del Espíritu. Esa llenura tenía muchas expresiones profundas, pero como hemos visto, la principal característica era la sabiduría (ver Éxodo 31:3). La sabiduría le permitió ser un ejemplo vivo de la creatividad de Dios, con conocimiento y entendimiento. Como ya hemos visto, la versión del Nuevo Testamento de ser lleno del Espíritu tiene el propósito de que el poder de Dios descanse y fluya a través de su pueblo. Cuando Dios revela algo nuevo acerca de un tema, no desecha lo que ya fue revelado antes. En cambio, añade más contenido, como hizo Jesús cuando les dijo a sus discípulos: "ya no les llamo siervos, sino amigos" (ver Juan 15:15). Jesús añadió otra dimensión de conocimiento a la relación que tenían con Él. La amistad era un ascenso con respecto al estado de servicio. Pero sería un error pensar que aquellos que se convierten en amigos de Dios ya no son sus siervos. El servicio es lo que le da su lugar a la amistad. El deseo de nuestro corazón es obedecer y honrar al Maestro que mantiene pura nuestra amistad con Dios.

De igual modo, la sabiduría sigue siendo una parte esencial de la vida en el Espíritu porque nos permite vivir de una manera que lo represente bien a Él. El poder es la otra cara de la misma moneda. La sabiduría nunca debía ser eliminada de la ecuación; su manifestación en la vida de alguien sigue siendo una evidencia maravillosa de que esa persona está llena del Espíritu. Pero la sabiduría es como aquellas pequeñas "garras" de un anillo que sostienen el diamante del poder en su lugar. La combinación de ambos da una imagen más amplia y completa de lo que significa ser lleno del Espíritu.

Este es un pequeño ejemplo de cómo los dos trabajan juntos en el contexto de un gran mover de Dios: el poder es lo que Dios usa para comenzar un avivamiento, pero la sabiduría lo sostiene. Tal vez recuperar el valor de la sabiduría en todo lo que respecta al Espíritu Santo nos permitirá avanzar hacia el ámbito de confrontar las imposibilidades humanas con poder mientras también *reinamos en vida*, ilustrando más completamente la naturaleza del evangelio bien vivido en la tierra.

PODER Y PERSEVERANCIA

La parte del conocimiento del Espíritu Santo que las personas a menudo olvidan en su búsqueda de poder espiritual es que el mismo poder que hace milagros nos permite también perseverar.

> *[Los apóstoles dijeron:] Hermanos, escojan de entre ustedes a siete hombres de buena reputación,* **llenos del Espíritu y de sabiduría,** *para encargarles esta responsabilidad. Así nosotros nos dedicaremos de lleno a la oración y al ministerio de la palabra… Los presentaron a los apóstoles, quienes oraron y les impusieron las manos. Y la palabra de Dios se difundía: el número de los discípulos aumentaba considerablemente en Jerusalén e incluso muchos de los sacerdotes obedecían a la fe.* **Esteban, hombre lleno de la gracia y del poder de Dios, hacía grandes prodigios y señales** *entre el pueblo. Discutían con él ciertos individuos de la sinagoga llamada de los Libertos, donde había judíos de Cirene y de Alejandría, de Cilicia y de la provincia de Asia. Como* **no podían hacer frente a la sabiduría** *ni al Espíritu con que hablaba Esteban… Todos los que estaban sentados en el Consejo fijaron la mirada en Esteban y vieron que su rostro se parecía al de un ángel.*
> (Hechos 6:3-4, 6-10, 15, NVI)

En Esteban vemos la demostración del poder y la sabiduría como ejemplo de estar lleno del

Espíritu. Él hacía milagros que Jesús había modelado para sus seguidores y les había ordenado que hicieran. Esteban mostró sabiduría que silenció a los que se oponían a él, haciendo que no pudieran hacer frente a sus palabras. Su vida era un ejemplo de que tanto el Antiguo Testamento como el Nuevo Testamento nos enseñan a vivir una vida llena del Espíritu Santo.

Esteban era un hombre del Espíritu que demostró el poder milagroso de Dios. Su impacto transformó toda la ciudad de Jerusalén, incluyendo a muchos sacerdotes judíos. Pero en el siguiente capítulo de Hechos murió como mártir (ver Hechos 7:54-60). El poder de Dios no produjo el martirio, pero sí le permitió perseverar ante el juicio, el conflicto y finalmente la muerte.

La idea de tener que perseverar nunca es divertida porque significa que las cosas en nuestra vida no han ocurrido como pensábamos que ocurrirían, o según hemos orado que ocurran. Imagino que Esteban y sus amigos oraron para que Dios lo librara, pero Dios no lo hizo. Aunque no me guste esperar o vivir la ausencia de un milagro, hay muy pocas ocasiones en la vida en las que obtenemos una oportunidad para demostrar mejor nuestra confianza en un Padre que nos ama. Vivir con la convicción de que el Padre es bueno, aun estando en medio de una experiencia que parece contradecir nuestra convicción, es la oportunidad perfecta para mostrar fe. Fe verdadera.

Tengo varios amigos que han sido golpeados, torturados, han recibido disparos o han estado en la cárcel por el evangelio. Han enfrentado oposición por todas partes, experimentando circunstancias inhumanas tales como hambrunas, guerras y persecución intensa; pero además de pasar por todas estas pruebas, tienen testimonios maravillosos de la intervención y la liberación de Dios. Tales intervenciones divinas no siempre llegan a nuestra manera o tan rápido como nos gustaría. Pero llegan. Las experiencias de cada uno de estos amigos dejan claro que si no hubieran tenido un encuentro con el Espíritu Santo que les cambió la vida, su *encuentro poderoso con Dios*, no habrían podido perseverar.

La fe produce victorias. Pero la fe junto con la resiliencia produce tanto victoria como carácter. Y el carácter es lo que permite que se nos confíe lo extraordinario: en el largo plazo. La Biblia deja muy claro que "aquellos que perseveren hasta el final serán salvos" (ver Mateo 10:22; Marcos 13:13). La perseverancia es una expresión necesaria de nuestra fe. El poder produce milagros, pero a veces el poder nos permite perseverar hasta que el milagro llegue.

Si nunca has sido bautizado en el Espíritu Santo, déjame animarte: es un regalo gratuito que capacita a cada creyente para representar a Jesús más plenamente. No es una medalla por un logro o algo que te hace superior a los demás. Simplemente es una inmersión en la presencia de Dios que hace que la valentía, la perseverancia y los milagros sean una expresión más normal de nuestra fe. Como es gratis, simplemente pídelo. Pídele a Jesús que te bautice en el Espíritu Santo. Pasa tiempo en oración y adoración para honrarlo por su promesa. Recíbela por fe confiando en su bondad, y después abróchate el cinturón. Será el viaje de tu vida.

MINISTROS DE PAZ, PORTADORES DE LIBERTAD

Es fácil definir términos bíblicos en nuestro propio idioma y cultura; y perdernos por completo la intención de la Escritura. Por ejemplo, la palabra *esperanza* en nuestra sociedad significa prácticamente lo mismo que "un deseo"; sin embargo, el concepto bíblico de *esperanza* en realidad significa "la anticipación gozosa de algo bueno".[17] Es como la ilusión de los niños en la Navidad antes de abrir los regalos. Ya están emocionados y agradecidos. La esperanza nos da permiso para disfrutar de los beneficios emocionales,

17. Strong's, G1680, Blue Letter Bible Lexicon, https://www.blueletterbible.org/lexicon/g1680/kjv/tr/0-1.

mentales y espirituales de una respuesta a nuestras oraciones antes de que se produzca, pero como si ya hubiera ocurrido. Por esa razón, podemos seguir las instrucciones de Pablo: *Estad siempre gozosos. Orad sin cesar. Dad gracias en todo* (1 Tesalonicenses 5:16-18). Cuando hay esperanza verdadera, gozarse en la espera de una respuesta es lógico. *La fe es tener confianza en lo que esperamos* (Hebreos 11:1, NVI). La fe crece en una atmósfera de esperanza.

En este capítulo analizaremos una de mis palabras favoritas de la Biblia: *shalom*, o "paz", y veremos por qué la paz es una característica principal del Espíritu Santo, y los efectos de su presencia en nuestras vidas. Muchas veces nos perdemos esta realidad porque nuestra cultura también ha distorsionado nuestra percepción del significado bíblico de esta palabra.

DEFINICIÓN DE PAZ

Shalom es una de las palabras con significado más amplio en toda la Escritura. Básicamente significa "cualquier cosa que uno pueda desear". Bueno, tal vez me he pasado un poco, aunque no mucho. Explicaré lo que quiero decir, pero primero echemos un vistazo a las definiciones más comunes de paz en nuestra cultura.

En nuestro mundo, *paz* a menudo se define con relación a la ausencia de algo. Por ejemplo, una definición básica de paz es "ausencia de guerra". Y si ese fuera el único significado de la promesa bíblica de paz, la mayoría de nosotros estaríamos satisfechos, yo mismo incluido. Odio la guerra. De modo similar, la palabra *paz* implica una atmósfera en la cual no hay conflicto. No sé si alguna vez has entrado a una casa y, aunque había silencio, no había paz porque el conflicto se podía sentir en el aire. Incluso en el silencio se palpaba la discordia. *Paz* a menudo se asocia con la ausencia de ruido. Es común oír a la gente decir: "Oh, me encanta este lugar. Hay mucho silencio y paz". Por lo tanto, el silencio muchas veces se equipara a la paz.

Estas definiciones están incompletas en parte porque se enfocan en lo que falta en lugar de lo que sí tenemos; sin embargo, en el reino de Dios la definición de *paz* es diferente porque significa "la presencia de Alguien". *Es la Presencia. Esto implica que cuando Dios está conmigo, puedo tener paz; pase lo que pase. En medio del sonido de disparos, bombas cayendo y caos a mi alrededor, puedo tener paz. También es cierto que puedo tener paz en el subterráneo más ajetreado de la ciudad de Nueva York, con todo el ruido, las multitudes y los empujones. Nada de eso puede sacar al Príncipe de Paz de mi interior. Bajo esa misma luz, yo me he sentado a la mesa con alguien que estaba extremadamente molesto conmigo, acusándome y despreciándome y aun así sentí paz porque Dios estaba allí conmigo. Por supuesto que no estoy diciendo que tenía paz porque soy perfecto. Simplemente tenía paz porque Dios estaba presente y yo era consciente de ello. Él estaba ahí a mi lado. Como escribió el profeta: *Tú guardarás en completa paz a aquel cuyo pensamiento en ti persevera; porque en ti ha confiado* (Isaías 26:3).

¡Una promesa maravillosa! La paz completa llega cuando confiamos en Él, y confiar en Él es el resultado de haber puesto mis pensamientos en el lugar correcto. Pensar en Dios, habitar en Él y vivir siendo consciente de que Él está ahí, hace posible que pueda tener paz completa porque Él es el único digno de mi confianza.

Regresando ahora a mi definición de *shalom* como "cualquier cosa que uno pueda desear", esta palabra engloba casi cualquier cosa que alguien pudiera desear legítimamente en Cristo. *Shalom* significa, en esencia, "plenitud", "armonía", "éxito", "prosperidad", "salud", "completitud", "satisfacción" y "bienestar".[18] Es aquello que satisface el alma de una persona porque es la abundancia de la naturaleza y la presencia de Dios en su vida. Es una bendición interior porque toca la mente, las emociones y el espíritu de una persona, pero también tiene efecto sobre el mundo exterior, como se describe en el pasaje de Juan 3 que habla de la *prosperidad del alma* y que exploraremos más adelante en este libro. Básicamente, significa que la abundancia en el interior de una persona ayuda a hacer posible la abundancia externa. Muchos rechazan la enseñanza de la bendición del Señor sobre las personas porque Jesús sufrió. Sin embargo, Jesús fue quien dijo que nos daría cien veces más de lo que dejemos atrás para seguirlo "con persecuciones" (Marcos 10:30, varias traducciones). La última parte que habla sobre las persecuciones es para mantenernos humildes en la bendición y

---

18. Strong's, G7965, Blue Letter Bible Lexicon, https://www.blueletterbible.org/lexicon/h7965/kjv/wlc/0-1.

asegurar que no posterguemos esta promesa hasta el tiempo del milenio. Estas bendiciones externas incluyen buena salud (ver 3 Juan 1:2) y prosperidad financiera. Estos resultados no son objetivos o metas imprescindibles para los cristianos, pero son recompensas maravillosas.

> *LA ABUNDANCIA EN EL INTERIOR DE UNA PERSONA AYUDA A HACER POSIBLE LA ABUNDANCIA EXTERNA.*

Esta es otra definición maravillosa de la palabra hebrea para "paz":

Shalom describe el "ámbito en el que el caos tiene prohibida la entrada" (Hanson, 347), entendiendo el caos como la enfermedad, la guerra, las dificultades sociales o la violación del pacto.[19]

Piensa en la descripción de la palabra *paz* a la luz de que Jesús es el Príncipe de paz y que nosotros tenemos la tarea de ser *pacificadores*. Somos portadores del evangelio del reino de Dios, en el que no habita el caos. No hay enfermedad, guerra, dificultades sociales o caos de ningún tipo en el cielo. Los efectos del mundo espiritual deben sentirse y hacerse realidad aquí y ahora en el mundo físico por medio de los pacificadores. El siguiente pasaje es una descripción de Jesús, el Príncipe de Paz, y cuál sería su efecto sobre la humanidad:

*El **Espíritu de Jehová el Señor está sobre mí**, porque me ungió Jehová; me ha enviado a predicar buenas nuevas a los abatidos, a vendar a los quebrantados de corazón, a publicar libertad a los cautivos, y a los presos apertura de la cárcel; a proclamar el año de la buena voluntad de Jehová, y el día de venganza del Dios nuestro; a consolar a todos los enlutados; a ordenar que a los afligidos de Sion se les dé gloria en lugar de ceniza, óleo de gozo en lugar de luto, manto de alegría en lugar del*

---

19. "Peace (in the Bible)", Encyclopedia.com, https://www.encyclopedia.com/religion/encyclopedias-almanacs-transcripts-and-maps/peace-bible, consultado en línea 5 de febrero de 2024.

espíritu angustiado; y serán llamados árboles de justicia, plantío de Jehová, para gloria suya. Reedificarán las ruinas antiguas, y levantarán los asolamientos primeros, y restaurarán las ciudades arruinadas, los escombros de muchas generaciones... Y vosotros seréis llamados sacerdotes de Jehová, ministros de nuestro Dios seréis llamados; comeréis las riquezas de las naciones, y con su gloria seréis sublimes.

(Isaías 61:1-4, 6)

En Lucas 4 Jesús citó los primeros versículos de este pasaje cuando anunció el inicio de su ministerio, pero los últimos versículos deben cumplirlos quienes lo siguen. ¿Cómo lo sabemos? Fíjate en las palabras "vosotros seréis llamados sacerdotes de Jehová". Éxodo 19 también profetizó que llegaría el día en el que el pueblo de Dios sería llamado "un reino de sacerdotes" (v. 6) o sacerdotes del Señor. Pero fue Pedro fue quien dijo: *Mas vosotros sois [...] real sacerdocio, nación santa*" (1 Pedro 2:9). Los escritores del Antiguo Testamento dijeron que llegaría el día en el que todos en el pueblo de Dios, no solo la tribu de Leví, serían considerados "sacerdotes del Señor". Pero Pedro fue el que anunció que, en efecto: "¡Hoy es el día!". Todos en el pueblo de Dios son sacerdotes del Señor, y los sacerdotes del Señor son los que ayudan a producir las manifestaciones del Espíritu del Señor de manera tangible en las situaciones prácticas de la vida. Y los que han sido sanados y restaurados gracias a la obra del Espíritu de Dios son los que ayudan a reconstruir las ciudades en ruinas.

El Espíritu Santo, que nos califica para ejercer el ministerio sacerdotal, nos conecta a la última parte del pasaje anterior de Isaías: *Reedificarán las ruinas antiguas, y levantarán los asolamientos primeros, y restaurarán las ciudades arruinadas, los escombros de muchas generaciones.* En Jesús, el Espíritu Santo ha levantado generaciones enteras de personas que, como su Maestro, le dan su lugar al Espíritu de Dios con el propósito de ver llegar la sanidad y la restauración a las partes rotas de la vida. Así es como podemos ver restauración y paz verdadera en nuestro mundo. Lo que estamos leyendo aquí es el resultado de que los pacificadores, agentes de la Presencia, ejerzan su influencia en la sociedad. Y esa influencia llega *solo* cuando el Espíritu del Señor reposa sobre nosotros como lo hizo sobre Jesús. Dicho eso, los pacificadores son aquellos que acogen bien al Espíritu de Dios, con una gran esperanza y visión de lo que podría ser, sin estar dispuestos a rendirse ante las expectativas inferiores de la religiosidad y la rutina. Los creyentes que están llenos del Espíritu son así: le declaran la guerra al caos y a toda la influencia que este pretende tener en sus vidas. El pueblo de Dios que vive bajo su pacto rebosa de su presencia y acepta su misión de traer paz a este mundo. Eso es lo que significa *ser guiado por el Espíritu.*

JESÚS, EL PRÍNCIPE DE PAZ

Recuerda que después de su muerte, Jesús entró en la sala donde se escondían con temor sus discípulos y declaró paz sobre ellos (ver Juan 20:19-22). Una vez más, *paz* significa "donde el caos tiene prohibida la entrada". *Caos* es una palabra que incluye todo lo que está quebrado aquí en la tierra y que no existe en el cielo. Jesús impartió esta paz. O, mejor dicho, Jesús lo impartió a "Él": el Espíritu Santo. Y el señorío de Jesús, manifestado en la presencia del Espíritu Santo, llevó paz y libertad a once seguidores de Jesús llenos de miedo. Después dijo que debían hacer lo mismo que el Padre lo había enviado a hacer a Él: revelar al Padre e impartir el Espíritu Santo, en este caso manifestado como *paz.*

Anteriormente, Jesús había impartido la paz sobre una tormenta que ponía en peligro la vida y que azotaba el barco en el que viajaba con Sus discípulos. Él había estado durmiendo durante esta tormenta, y los discípulos pensaron que no le importaba su situación peligrosa (ver Marcos 4:36-40). Piénsalo: Jesús declaró paz sobre una tormenta durante la cual Él se había dormido tranquilamente. En otras palabras, declaró paz sobre una tormenta en la que Él tenía paz. Tenemos autoridad sobre cualquier tormenta en medio de la cual podamos dormirnos. Si tienes paz en tu interior, esa paz influirá en la naturaleza del mundo que te rodea. Si tienes paz, puedes compartirla.

PAZ Y LIBERTAD SUPREMAS

Muy a menudo la gente piensa que tiene paz y libertad (ausencia de conflicto o caos) cuando puede hacer lo que quiera. El dinero, por ejemplo, es poder. Y aquellos que tienen poder se sienten libres. Las personas que ganan un premio grande de lotería o reciben un adelanto de su sueldo suelen sentirse así: pueden comprar lo que quieran, ir a donde quieran y no dar cuentas a nadie. Aun así, algunas de las personas más tristes del planeta están en esa posición, pudiendo comprar y comprar sin miramiento; pero no tienen paz. No tienen libertad.

*Porque vosotros, hermanos, a libertad fuisteis llamados; solamente que **no uséis la libertad como ocasión para la carne**, sino servíos por amor los unos a los otros... Digo, pues: Andad en el Espíritu, y no satisfagáis los deseos de la carne. Porque **el deseo de la carne es contra el Espíritu**, y el del Espíritu es contra la carne; y estos se oponen entre sí, para que **no hagáis lo que quisiereis**. Pero si sois guiados por el Espíritu, no estáis bajo la ley.* (Gálatas 5:13, 16-18)

Aquellos que persiguen las cosas de la carne en lugar de las cosas del reino en realidad están en guerra contra el Espíritu de Dios. El pasaje anterior no se escribió para la élite de Hollywood, los políticos o los CEO de este mundo. Se escribió para la Iglesia. Y la advertencia es que si cedemos ante los deseos de la carne, eso nos coloca en guerra contra Aquel que podría usarnos para llevar libertad a otros y restauración a las ciudades: el Espíritu Santo. Dios es un constructor. Y en su corazón está el restaurar a la humanidad quebrada no solo para perdonarlos (sacarlos de la deuda) sino también para darles un lugar de restauración (darles abundancia), ilustrando el plan de Dios.

Necesitamos al Espíritu Santo demostrando el señorío absoluto de Jesús, para poder experimentar verdadera libertad y vivir en ella. Eso implica que, en realidad, lo que nos da libertad es la rendición. Eso se debe a que la libertad no es poder hacer lo que quieras. Es poder hacer lo correcto. Y algunas de las personas más poderosas del planeta no pueden hacer lo correcto. Se arrepienten de consumir drogas. Se arrepienten de engañar a su cónyuge. El remordimiento abunda en sus vidas porque son adictos a una clase de libertad que roba la vida de quienes la poseen. Pero la libertad en Cristo lo cambia todo para mejor.

*El **Espíritu de Jehová el Señor está sobre mí**, porque me ungió Jehová; me ha enviado a predicar buenas nuevas a los abatidos, a vendar a los quebrantados de corazón, a **publicar libertad** a los **cautivos**, y a los **presos apertura de la cárcel.*** (Isaías 61:1)

El Espíritu Santo es quien libera a prisioneros y cautivos. Los prisioneros suelen estar encarcelados por cosas que han hecho mal; son culpables. Los cautivos están atados debido a lo que les hicieron; son víctimas. Cuando el Espíritu Santo puede hacer su voluntad, ambos reciben libertad. Desde el punto de vista de Dios, el perdón de la parte culpable es justicia. Desde el punto de vista de Dios, poner en libertad a las víctimas es justicia.

LIBERTAD PERSONAL

Aunque me gusta mucho la idea de que todos los creyentes se conviertan en instrumentos en las manos de Dios para llevar libertad a otros, para poder hacerlo cada uno de nosotros primero debe experimentar la libertad y desarrollarla como estilo de vida. El objetivo es que ser guiados por el Espíritu, ser empoderados por el Espíritu y ser hechos libres por el Espíritu en nuestras vidas personales abrirá en nosotros un modo de vivir que deja en evidencia para siempre la inferioridad de todos los demás estilos de vida. Nos colocará en posición de amar y servir a los demás con autenticidad; genuinamente y con autoridad. Siempre que servimos a los demás desde un lugar de experiencia en Dios, los servimos con autoridad.

Debemos recordar que la rendición a Dios nos conduce a la libertad personal. Como casi todo en el reino de Dios, esto parece ser una paradoja. Esta gran lección nos enseña a rendir el control de nuestras vidas al Espíritu Santo, que entonces nos enseña dominio propio. Rendimos nuestros deseos para que Dios tenga el control total y nos damos cuenta de que es entonces cuando somos más libres. Libres para pensar y sentir sin límites. Crear una cultura de libertad de este tipo no significa que "todo vale". El hecho de que Dios nos impida llevar estilos de vida carnales nos lleva al mejor lugar para vivir sin retenciones.

Muchas culturas de iglesia utilizan la intimidación y la manipulación entre sus herramientas para que la gente haga lo correcto. Creo que este enfoque suele venir de un deseo de motivar a las personas a servir al Señor con todo su corazón, pero por lo general viene de líderes que nunca han aprendido cómo opera realmente el reino de Dios. Estos líderes a menudo se comportan como perros pastores en lugar de como pastores. Los perros pastores *empujan* a las ovejas a donde deben ir. Los pastores las *guían*. Empujar al pueblo de Dios a que se involucre en más actividades de la iglesia no es lo mismo que guiarlo a vivir un estilo de vida que refleje a Cristo (en cuanto a esto, permíteme comentar que sí creo que hay lugar para la disciplina en la iglesia, al igual que lo hay en el hogar. Sin embargo, muchas veces los esfuerzos por controlar a los demás se confunden con un buen liderazgo).

> SER GUIADOS POR EL ESPÍRITU, SER EMPODERADOS POR EL ESPÍRITU Y SER HECHOS LIBRES POR EL ESPÍRITU EN NUESTRAS VIDAS PERSONALES ABRIRÁ EN NOSOTROS UN MODO DE VIVIR QUE DEJA EN EVIDENCIA PARA SIEMPRE LA INFERIORIDAD DE TODOS LOS DEMÁS ESTILOS DE VIDA.

Ya sea en la iglesia o en nuestros hogares, es necesario vivir en libertad para poder convertirnos en todo aquello que Dios tenía en mente cuando nos creó. En una cultura controladora, nuestro desarrollo se ve truncado. Por ejemplo, un pez en cautividad solo crecerá hasta el tamaño que su pecera pueda soportar. Un tiburón que crecerá hasta los dos metros y medio de largo en mar abierto no llegará a medir más de 20 centímetros en una pecera común. Las culturas religiosas alaban y celebran al tiburón de veinte centímetros por su belleza y rapidez, muchas veces sin saber que Dios lo diseñó para medir dos metros y medio. Solo la libertad que produce el Espíritu Santo puede propiciar esa clase de desarrollo.

Cuando la iglesia a la que sirvo comenzó a crecer significativamente en número, el equipo me preguntó cómo íbamos a levantar una iglesia grande. Estaban interesados en cómo desarrollar un ministerio grande. Les dije que yo no estaba interesado en levantar un ministerio grande; solo quería levantar *personas grandes*. Para mí, las personas grandes no son aquellas con los títulos más grandes. Son las más libres: libres de su pasado, libres para cumplir sus sueños personales, libres para entregarse generosamente a aquellos que están bajo su influencia.

CREAR UNA CULTURA DE RIESGO

Para ser verdaderamente libres debemos perseguir la excelencia en lugar del perfeccionismo. El perfeccionismo es religión (forma sin poder). La excelencia es sinónimo de reino. La carga del perfeccionismo es insaciable y nunca está satisfecha. Muchas veces llevamos una forma de pensar perfeccionista a nuestros hogares e iglesias, creyendo que esa es la manera en la que demostramos nuestra devoción a Cristo. No lo es. El perfeccionismo es lo opuesto a la libertad. Interiorízalo. En una cultura de libertad, las personas deben ser libres para fracasar o aun para no tener el éxito que pensaban.

Este es el punto conflictivo para muchas personas en cuanto al modo de pensar y vivir para Dios que estoy defendiendo; sin embargo, cuando hablo de *fracaso* no me refiero a fracaso moral o dejar a un lado la ética y ser deshonesto. Eso nunca está bien. ¿Se puede perdonar? Sí. Pero nunca debe aceptarse como normal o necesario. Déjame explicar a lo que me refiero con este tipo de fracaso dando algunos ejemplos.

LA IMPORTANCIA DEL FRACASO

Soy fan de las computadoras de Apple desde hace unos treinta y cinco años. Como la mayoría de las empresas grandes de esta naturaleza, Apple Inc. tiene dos áreas básicas en su empresa: (1) fabricación e (2) investigación y desarrollo. Las dos ramas de esta empresa tienen dos conjuntos de valores centrales completamente diferentes. Por ejemplo, fabricación tiene un valor central de *cero defectos*. No quieren que cuatrocientos mil iPhone sean devueltos por estar defectuosos. Pero el valor central de investigación y desarrollo es que se espera que los desarrolladores fracasen. Mucho. El "fracaso" en este sentido podría describirse más exactamente como *averiguar lo que no funciona*. Si quienes hacen los experimentos no fracasan, no pueden descubrir el potencial completo de sus inventos y diseños. Los límites que hacen posibles la excelencia se encuentran al borde del éxito y suelen ser posibles por descubrir lo que no funciona.

Como creyentes, también tenemos dos áreas principales en nuestras vidas de las cuales hablamos en el capítulo 5: "Creados para acoger". Estas son las dos piernas sobre las que caminamos: carácter y poder. Ambas piernas deben ser igual de largas, pues si no es así cojearemos. Aunque suene a sacrilegio, la realidad es que no queremos que nuestro carácter sea más fuerte que nuestro poder. Y por supuesto que no queremos que nuestro poder sea mayor que nuestro carácter.

El carácter es la rama de fabricación de la iglesia en la que debe haber cero defectos. De nuevo, el Espíritu *Santo* es quien vive dentro de nosotros, así que la santidad debe ser evidente en nuestra manera de vivir. La pureza en nuestra forma de vivir (en nuestros pensamientos, ambiciones y comportamiento) debe saltar a la vista. El ministerio/poder es la rama de investigación y desarrollo de la iglesia. Para crecer en nuestro servicio al Señor y servir a los demás, especialmente en los dones espirituales, debemos aceptar el fracaso de la misma forma que esperamos que un niño se caiga cuando está aprendiendo a caminar. Después de que un bebé de diez meses dé dos pasos y se caiga, aplaudimos, lo levantamos y le animamos a intentarlo de nuevo. El ministerio es muy parecido a eso. Mientras vivamos rindiendo cuentas y asumiendo la responsabilidad de nuestras acciones, este enfoque nos permitirá explorar áreas de la vida y el ministerio que no descubriríamos de ninguna otra forma. La religión (ese espíritu de perfeccionismo) es lo que impide que muchos creyentes aprendan cómo servir al Señor en el ámbito de lo sobrenatural. Y todo ministerio efectivo es sobrenatural en naturaleza. El miedo al temor atrofia a muchas personas que viven con la idea de que *no se puede fracasar* en el ministerio. Piensan que es un signo de madurez, cuando en realidad no han fracasado porque no lo han intentado.

LA VERDADERA PERFECCIÓN

Acabo de revelar que el perfeccionismo es una falsificación religiosa de aquello a lo que Dios nos ha llamado: la excelencia. Pero, para ser justos, Jesús dijo: *Sed, pues, vosotros perfectos, como vuestro Padre que está en los cielos es perfecto* (Mateo 5:48). Aquellos que se ofenden por las instrucciones de Jesús de "sanad enfermos, resucitad muertos" (Mateo 10:8), pero que no se ofenden por lo de "orad por los enfermos" (ver, por ejemplo, Santiago 5:14-15), deberían tener las manos llenas tan solo atendiendo este último mandato. Por suerte, todas las instrucciones que nos han sido dadas vienen acompañadas de la gracia necesaria para hacer aquello que se nos ha encomendado hacer.

El perfeccionismo es un capataz cruel que nos impide crecer y prosperar como seguidores de Jesús. Y el peso del perfeccionismo, que carga a tantas personas, es como una cadena con una gran bola que nos impide llegar a la perfección que solo se encuentra en la libertad. No llegamos a ser perfectos trabajando más duro. Esta maravillosa instrucción de "ser perfectos", que también es una invitación de Jesús, solo puede abordarse a través del gozo de amarlo y servirlo bien. Es el fruto de una verdadera libertad en Cristo.

> *Para libertad fue que Cristo nos hizo libres. Por tanto, permanezcan firmes, y no se sometan otra vez al yugo de esclavitud.*
>
> (Gálatas 5:1, NBLA)

¿Para qué fuimos hechos libres? Para libertad. En otras palabras, la libertad es un fin en sí mismo y satisface completamente los deseos del Señor para toda la creación. Es la meta final.

> *Porque la creación fue sujetada a vanidad, no por su propia voluntad, sino por causa del que la sujetó en esperanza; porque también la* **creación misma será libertada** *de la esclavitud de corrupción,* **a la libertad gloriosa de los hijos de Dios.** *Porque sabemos que toda la creación gime a una, y a una está con dolores de parto hasta ahora.*
>
> (Romanos 8:20-22)

A medida que el pueblo de Dios es hecho libre para pensar y actuar en perfecta armonía con el corazón de Dios, que coincide con nuestro diseño, la creación misma responde. De hecho, la creación es la beneficiaria de la libertad que experimentamos como creyentes. La creación es liberada de la futilidad y recibe libertad de los efectos del pecado. Somos hechos libres para ser todo lo que Dios nos diseñó para ser, con la habilidad de pensar bien, escoger bien y vivir bien. Dios es más glorificado cuando aquellos que han sido creados a su imagen viven al máximo de su potencial según su diseño. Responder a la obra interior del Espíritu Santo nos conduce hacia la perfección cada día de nuestras vidas.

Mientras recorremos este viaje, el Espíritu Santo nos ayuda en nuestras debilidades. Esa es una de las mejores descripciones del trabajo del Espíritu Santo que escucharemos en la vida, ya que no hay nada a lo que yo haya sido llamado en lo que no sea débil. Aquel que es poder y que es santidad anhela manifestarse más completamente a través de cada uno de nosotros para que podamos reflejar a Jesús tal cual es. En toda la tierra.

LAS OBRAS DEL ESPÍRITU SANTO

No olvidemos que, cada vez que vemos a Jesús hacer un milagro, estamos siendo testigos de la obra de la Trinidad. Jesús solo hizo lo que vio hacer al Padre. Eso significa que el Padre fue el que reveló qué, cómo y cuándo se debería hacer un milagro. No solo eso; también estamos siendo testigos de la obra del Espíritu Santo, que era el *dunamis* (poder) del cielo que descansaba sobre Jesús y fluía a través de Él para hacer posibles los milagros. Y las obras testificaban acerca de quién era Jesús:

> *Si no hago las obras de mi Padre, no me creáis.* Mas si las hago, aunque no me creáis a mí, **creed a las obras**, *para que conozcáis y creáis que el Padre está en mí, y yo en el Padre.* (Juan 10:37-38)

Esta era una afirmación poderosa. Jesús, inspirado por el Espíritu Santo, anunció a todos aquellos que estaban entre la multitud que si no hacía las obras del Padre, no era necesario que creyeran en Él. Un estudio profundo del Evangelio de Juan nos muestra que cuando el autor habla acerca de las obras del Padre, no hay duda de que está hablando de milagros. Piensa en esto: los profetas anunciaron la venida de Jesús, la creación testificó acerca de su venida, los intercesores hablaron acerca de su venida y los ángeles declararon su venida. Probablemente haya más que testificaron acerca de Él y que yo he dejado fuera. Aun así, Jesús anunció que la multitud no tenía que creer a ninguno de aquellos testigos creíbles que el Padre había enviado y había utilizado a lo largo de la historia si este elemento adicional no estaba presente: los milagros. Jesús dijo, por lo tanto: "si no hay milagros, no tienen por qué creer".

> *Dios ungió a Jesús de Nazaret con* **el Espíritu Santo** *y con poder.*
> *Después Jesús anduvo haciendo el bien y sanando a todos los que eran*
> *oprimidos por el diablo,* **porque Dios estaba con él.**
>
> (Hechos 10:38, NTV)

Los milagros eran la evidencia de que el Espíritu de Dios estaba con Jesús, y también son la evidencia de que está con nosotros. Espero con ansias el día en que la Iglesia (que ahora ha llegado a conocer al mismo Padre de nuestro hermano mayor, Jesús, y que tiene el mismo poder procedente del Espíritu Santo que tenía Jesús) tenga la valentía de declarar a este mundo: "Si no hacemos las obras de nuestro Padre, no tienen por qué creer nuestro mensaje".

EL RÍO DEL
ESPÍRITU SANTO

El Espíritu Santo y sus obras están expuestos a lo largo del Nuevo Testamento como si fueran una exhibición de obras de arte. Sabemos que podemos ver al Espíritu Santo actuando en cualquier lugar donde veamos a Jesús, siempre para la gloria del Padre. En este capítulo veremos otra descripción hermosa del Espíritu y lo que nos dice acerca de su presencia y su obra en nuestras vidas.

En Juan 7 se describe al Espíritu Santo como un río:

En el último y gran día de la fiesta, Jesús se puso en pie y alzó la voz, diciendo: Si alguno tiene sed, venga a mí y beba. El que cree en mí,

*como dice la Escritura, **de su interior correrán ríos de agua viva**.
Esto dijo del Espíritu que habían de recibir los que creyesen en él; pues
aún no había venido el Espíritu Santo, porque Jesús no había sido aún
glorificado.* (Juan 7:37-39)

El hecho de que el Espíritu Santo se compare con un río en nuestro
interior es un concepto muy interesante. Los ríos *fluyen*, y tienen un efecto
sobre todo lo que tocan. Son continuos y constantes, llevando vida dondequiera que van.

Las sequías son eventos naturales catastróficos que contrastan fuerte-
mente con las corrientes de agua. Donde yo vivo, en el norte de California,
hemos tenido varios años de sequía. A pesar de la falta severa de lluvia, los
árboles que están plantados junto al río Sacramento no parecen enterarse
nunca de que hay sequía; no tienen ni idea. Crecen junto a un río hermoso y
emocionante que fluye constantemente. Yo he pasado muchas horas en ese
río, y es estimulante. Los árboles crecen y florecen allí, y lo mismo ocurre
con todo aquel que habita en la presencia de Dios: Él es un río de vida
eterno.

*Será como árbol plantado junto a corrientes de aguas, que da su fruto
en su tiempo, y su hoja no cae; y **todo lo que hace, prosperará**.*
(Salmos 1:3)

El río del Espíritu Santo que fluye *de* nosotros primero tendrá un
efecto transformador en *nuestro interior*. Aunque las dificultades de la vida
siempre están con nosotros, el hecho de que hayamos sido plantados junto
a un río nos ha colocado en un lugar de influencia constante del Espíritu.
Me encanta el resultado: *Todo lo que hace, prosperará*.

PROSPERIDAD DEL ALMA

En la Iglesia, la idea de ser próspero en todas las áreas de la vida es un
asunto muy importante. Resulta trágico que muchos creyentes rechazan la
prosperidad en nombre de la humildad.

Como comenzamos a ver en el último capítulo con respecto a la paz, cuando el Espíritu Santo vive en nosotros la prosperidad del alma es el primer objetivo de su influencia. Su presencia debe tener un impacto significativo en nuestro mundo interior. Seamos sinceros: hemos visto que tener más dinero sin tener también salud interior es una pesadilla. Las noticias están llenas de las historias trágicas de aquellos que parecía que "lo tenían todo", pero murieron de una sobredosis o se quitaron la vida porque nada era suficiente para satisfacerlos. Por lo tanto, no estoy hablando acerca de la prosperidad como nuestra cultura suele definirla. Hay un patrón bíblico de prosperidad que tiene el objetivo de influenciar cada parte de nuestras vidas:

Amado, **yo deseo que tú seas prosperado en todas las cosas,** *y que tengas salud, así como prospera tu alma.* (3 Juan 1:2)

La oración inspirada por el Espíritu Santo que se recoge en este versículo revela la voluntad de Dios: prosperidad en cada área de la vida que sobreabunda produciendo salud física. El hecho de que debamos orar para obtener tal prosperidad nos dice que este estilo de vida no es necesariamente automático. Debemos reclamar en oración este deseo del Señor para nosotros, y vivir en Él a través de una relación con el Espíritu Santo. Sabemos que el Espíritu Santo trae libertad en cada área donde demuestra el señorío de Jesús. Esta libertad es, primeramente, una experiencia interior a través de la cual el pecado, el remordimiento, el resentimiento, la vergüenza, la culpa, la ansiedad, la comparación y otros aspectos negativos dejan de tener voz o influencia sobre nosotros. Nuestra salud interior se convierte en una fortaleza de paz.

Cuando el mundo emocional y mental de una persona es saludable, esto afecta a todas las demás áreas de su vida, desde su salud física hasta las esferas de creatividad (pensamiento libre), sabiduría para la toma de decisiones y su bienestar financiero. Por esta razón, esta oración de 3 Juan reconoce que cada parte de nuestra vida puede prosperar y tener abundancia si nuestra alma prospera. En la Iglesia Bethel tenemos muchos equipos cuyo enfoque principal es ministrar sanidad al hombre interior. Ellos testifican que la sanidad física suele ser una consecuencia de la sanidad interior.

En Salmos 1:3 leemos: *Todo lo que hace, prosperará*, y 3 Juan 1:2 dice: *Yo deseo que tú seas prosperado en todas las cosas*. Ambos versículos revelan los resultados cuando el Espíritu Santo tiene una gran influencia en la vida de una persona. Ya hemos observado que el tema de la prosperidad hace saltar las alarmas de muchas personas que sienten la necesidad de reaccionar de modo negativo a esta verdad bíblica. Por supuesto, su razonamiento es una reacción al abuso que algunas personas han hecho de este concepto. Lo entiendo. Pero, como escribí anteriormente, la reacción a un error con frecuencia crea otro error. La prosperidad puede ser el resultado de la influencia del Espíritu de Dios sobre la vida de una persona. Es nuestra responsabilidad encontrar el propósito de su bendición y usarla en consecuencia. Este concepto está en la Biblia tanto en el Antiguo como en el Nuevo Testamento.

EL RÍO FLUYE DE NUESTRO INTERIOR

> *Y toda alma viviente que nadare por dondequiera que entraren estos dos ríos, vivirá; [...] y vivirá todo lo que entrare en este río... Y junto al río, en la ribera, a uno y otro lado, crecerá toda clase de árboles frutales; sus hojas nunca caerán, ni faltará su fruto. A su tiempo madurará, porque sus aguas salen del santuario; y su fruto será para comer, y su hoja para medicina.* (Ezequiel 47:9, 12)

Este pasaje habla del efecto del río que produce vida en todo lo que toca, incluidas las naciones (ver Apocalipsis 22:2). Esta es la verdadera prosperidad. Muchos dirán que este río no representa al Espíritu Santo. Sino, ¿es posible que esta imagen que nos da el profeta Ezequiel ilustre el uso que Dios tenía en mente para el río de Dios que fluye de nuestro interior? Estoy seguro de que estarás de acuerdo con que el río del cual se habla en el pasaje anterior no puede ser más efectivo que el Espíritu Santo que fluye a través de nosotros.

El Espíritu Santo que vive dentro de nosotros es un río que debe fluir desde nuestro interior, llevando vida a todo lo que toque. Tal vez esto es lo que descubrió la mujer con el flujo de sangre cuando se acercó y tocó a Jesús mientras pasaba (ver Lucas 8:43-48). De Él fluía vida. De Él fluía presencia. De Él fluía sanidad.

¿Es lógico esperar que la misma vida fluya desde el interior de sus discípulos? Creo que sí. Esperar menos es menospreciar la obra de la cruz que nos hace dignos de todo lo que Jesús enseñó, modeló y ordenó. De nuevo, "obras... aun mayores [harán]" (Juan 14:12) entra en juego aquí. Fuimos diseñados para cosas mayores. Fuimos creados para cosas mayores. Fuimos redimidos para cosas mayores.

EL ESPÍRITU SANTO QUE VIVE DENTRO DE NOSOTROS ES UN RÍO QUE DEBE FLUIR DESDE NUESTRO INTERIOR, LLEVANDO VIDA A TODO LO QUE TOQUE.

LA VIDA DE RESURRECCIÓN DE JESÚS

Siempre me había preguntado por qué el Espíritu Santo no fue derramado mientras los discípulos seguían a Jesús durante su ministerio en la tierra. A mí me parecía que la presencia del Dios todopoderoso en su interior les habría beneficiado mucho. Seguramente no habrían causado tantos problemas ni habrían respondido mal a tantas preguntas (¡aunque el Espíritu Santo que vive en mí tampoco me ha librado de hacer tales cosas!). Sin embargo, el pasaje de Juan 7 deja claro, como hemos comentado antes, por qué Él no fue derramado en ese momento: Jesús no había sido aún glorificado.

Sabemos que Jesús murió, resucitó, ascendió a la diestra del Padre y ha sido por siempre glorificado. ¿Por qué era necesario todo eso para derramar el Espíritu Santo y que habitara en los creyentes? A fin de entender esto, debemos recordar la tarea principal del Espíritu Santo en nuestras vidas: hacernos más como Jesús. ¿Acaso no es eso cierto? Él nos convence de pecado, nos guía, nos enseña, actúa en nosotros, nos empodera, nos defiende, nos consuela... y la lista sigue y sigue. Pero todo lo que Él hace es para transformarnos a imagen del Hijo de Dios, Jesús el Cristo. Él actúa en nosotros y a través de nosotros para hacer que nuestra conducta se alinee con nuestra identidad y nuestra posición en Cristo. Esa es su tarea principal. ¿Y por qué es importante entender eso para responder a nuestra pregunta de por qué el Espíritu de Dios no se derramó hasta que Jesús fue glorificado?

Imagina a un artista creando una escultura o pintando un cuadro. Muchas veces utilizan un modelo y después recrean la imagen en arcilla, piedra o sobre un lienzo. Si el Espíritu Santo hubiera sido derramado antes de que Jesús fuera glorificado, este Maestro Artista nos estaría moldeando a imagen del Hijo de Dios... ¡pero de aquel que se dirigía a la cruz! ¡Y eso lo haría en lugar de moldearnos a imagen de Cristo resucitado en victoria que es por siempre glorificado! El Espíritu Santo nos va conformando a imagen del Hijo de Dios glorificado. Tal vez eso es una parte de lo que significa: *Cristo en vosotros, la esperanza de gloria* (Colosenses 1:27). El apóstol Juan vio a Jesús en su forma terrenal durante tres años y medio, y después vio a Jesús en su forma glorificada y resucitada en una visión cuando estaba en la isla de Patmos, la cual registró en el libro de Apocalipsis:

> *Y me volví para ver la voz que hablaba conmigo; [...] uno semejante al Hijo del Hombre, vestido de una ropa que llegaba hasta los pies, y ceñido por el pecho con un cinto de oro. Su cabeza y sus cabellos eran blancos como blanca lana, como nieve; sus ojos como llama de fuego; y sus pies semejantes al bronce bruñido, refulgente como en un horno; y su voz como estruendo de muchas aguas. Tenía en su diestra siete estrellas; de su boca salía una espada aguda de dos filos; y su rostro era como el sol cuando resplandece en su fuerza.* (Apocalipsis 1:12-16)

El hecho de que Juan fue quien escribió las palabras: *Como él es, así somos nosotros en este mundo* (1 Juan 4:17) añade un poco de claridad e intensidad a la afirmación. Observemos que nosotros somos como Jesús *es*, no como era. La vida de resurrección de Jesús, que es el corazón y el alma de nuestra conversión, debe estar expuesta en nuestras vidas y a través de ellas. El Espíritu Santo es el Espíritu de resurrección que es como un río que debe fluir mediante la vida del creyente rendido a Dios. Esto es la vida cristiana.

"LA ESENCIA DE LA BELLEZA"

Si se hiciera la voluntad del Espíritu Santo, ¿cómo sería la Iglesia? Como Jesús. Es muy sencillo. Por esa razón se nos llama "el cuerpo de Cristo" (ver, por ejemplo, 1 Corintios 12:27). Jesús está lleno de gozo más allá de toda descripción, lleno de vida abundante, y se deleita en la majestad de su Padre mientras permanece en perfecta unidad con el Espíritu Santo, que habita en su pueblo. Reina con habilidad sobre todas las cosas de forma que causa gozo a su Padre. Es perfecto en belleza, en maravilla y en majestad. Alrededor del trono se escucha la declaración constante: "¡Santo, santo, santo!" (Isaías 6:3; Apocalipsis 4:8). Aparentemente la santidad es un aspecto dominante de su persona, de su esencia. De todas las cosas que podrían declararse, como su valor, su belleza o su amor, lo que se proclama por toda la eternidad es su santidad.

La Biblia habla de "la hermosura de la santidad" (ver, por ejemplo, Salmos 29:2). La mayoría de nosotros hemos sido expuestos a la idea religiosa de santidad, o nos hemos sentido frustrados por ella, lo cual se parece más a superioridad moral o adherencia a reglas y regulaciones. Como resultado, se piensa que la santidad es restrictiva y rígida; sin embargo, la verdadera santidad es el corazón de la libertad. En el capítulo anterior dijimos que podemos pensar que somos libres cuando vivimos plenamente de acuerdo con nuestro propio diseño y propósito, pero nunca somos más libres que cuando vivimos una vida de santidad. A esa vida se le llama "hermosa". Esta es la descripción perfecta de *santidad*: "la esencia de la belleza". Es trágico ver cómo la *impiedad* se exhibe como *belleza*. Debe deleitar al enemigo de nuestras almas ver a las personas ser engañadas por lo que es falso. Todas las recompensas del enemigo llegan con una cuota final. En otras palabras, puedes tener una recompensa (placer) ahora, pero te costará cuando menos lo esperes. Colaborar con las obras y los caminos del enemigo nos posiciona para vivir con deudas con él siempre. La santidad es lo contrario a eso. Es libertad permanente porque está anclada en la naturaleza y la persona de Dios.

¿No es interesante que el escritor de Hebreos declare: *Buscad la paz con todos y la santidad, sin la cual nadie verá al Señor* (Hebreos 12:14, LBLA)? Todos estaríamos destinados al fracaso si esto requiriera una santidad que estuviera en nosotros mismos, pero nuestra relación de entrega a Jesús mediante el Espíritu Santo le da a Él el lugar de influencia sobre nuestras vidas hasta el punto de que su naturaleza se ve en nosotros y a través de nosotros. Él es el Espíritu *Santo*. Él es el Espíritu de Santidad. Responder a su influencia es el único modo posible en que podemos vivir y experimentar que la santidad de Dios discurra por medio de nuestras vidas.

EL RÍO FLUÍA A TRAVÉS DE JESÚS

Incluso en su ministerio terrenal, Jesús modeló la vida victoriosa que sería común después de su resurrección. Sanó a los enfermos antes de hacer el pago por su sanidad mediante las heridas que soportó, mencionadas en Isaías 53:

> *Y sin embargo él estaba cargado con nuestros sufrimientos, estaba soportando nuestros propios dolores. Nosotros pensamos que Dios lo había herido, que lo había castigado y humillado. Pero fue traspasado a causa de nuestra rebeldía, fue atormentado a causa de nuestras maldades; el castigo que sufrió nos trajo la paz, por sus heridas alcanzamos la salud.*
> (Isaías 53:4-5, DHH)

Es interesante que las palabras hebreas traducidas como "sufrimientos" y "dolores" son literalmente "enfermedades" y "dolores" respectivamente.[20] De hecho, cuando Jesús citó este pasaje en Mateo 8:17 utilizó realmente las palabras "enfermedades" y "dolencias".[21] El profeta Isaías declaró que habría una transacción que haría que la sanidad estuviera disponible gratuitamente. Es interesante observar que todas las sanidades y los milagros que Jesús hizo se produjeron antes de sus sufrimientos. Me recuerda cuando mi esposa y yo llevábamos a nuestros hijos con nosotros al ir a comprar al supermercado. Ellos iban en el carrito mientras apilábamos los suministros; sin embargo, primero recorríamos el pasillo de los

---

20. "Isaiah 53:4," NASB Lexicon, Bible Hub, https://biblehub.com/lexicon/isaiah/53-4.htm.
21. *NKJV Spirit-Filled Life Bible*, 1032.

helados, agarrábamos barritas de helado para ellos, y les permitiríamos comer el helado mientras seguíamos comprando. Eso los mantenía contentos, lo cual a su vez nos mantenía contentos a nosotros. En realidad, ellos estaban comiendo algo que no estaba pagado. Simplemente poníamos los envoltorios en el carrito y pagábamos los helados antes de salir de la tienda. Lo que hizo Jesús es algo parecido. Todo aquel a quien Él ministró fue sanado, y Él pagó por sus sanidades antes de salir de "la tienda" (esta esfera terrenal).

Regresemos al relato de la mujer que tenía el problema de flujo de sangre, que había soportado esta aflicción en su cuerpo por muchos años. Ningún médico pudo ayudarla, pero entonces oyó acerca de Jesús, quien no conocía ninguna imposibilidad. Aunque debido a su aflicción debía mantenerse alejada de la gente, se arriesgó al escrutinio y la burla de las multitudes para tener acceso al milagro que estaba delante de ella. Mientras todo el mundo se acercaba presionando para tocar a Jesús, solamente ella vio lo que tenía a su disposición en ese toque. Su percepción le dio acceso al milagro. En cuanto tuvo acceso, Jesús se detuvo y dijo que alguien lo había tocado. La multitud, incluidos los discípulos, no podían entender por qué Él hizo tal afirmación, pues lo más obvio en aquel momento era que la multitud lo rodeaba y empujaba para estar cerca de Él; sin embargo, Jesús reconoció que fluyó y salió poder de Él. Ese es el río. Ese es el Espíritu del Dios viviente que fluía de Él. Y la mujer fue sanada.

La mayoría de nosotros nunca reconoceríamos la presencia de Dios fluyendo de nosotros; sin embargo, Jesús lo hizo; lo cual me dice que vivía con una gran consciencia del Espíritu Santo que habitaba en Él. Desarrollar una consciencia de Él es uno de nuestros mayores privilegios y responsabilidades. Un momento así no es para el espectáculo. No es para obtener reconocimiento y que nos vean como una persona poderosa. Es la vida cristiana normal, una vida en la que el Río fluye de nosotros.

Una de las maneras en las que yo lo describo es la siguiente: el Espíritu Santo está en ti, ¡y quiere salir! Él está en nosotros como un río, no como un lago. Los ríos fluyen y alteran la geografía que los rodea. No es que Él fluye de nosotros y ya no está con nosotros. Eso es imposible porque Jesús prometió que nunca nos abandonaría (ver Juan 14:16-18). Jesús es eterno e ilimitado. La Escritura dice de Él que tenía el Espíritu sin medida (ver Juan 3:34). Es lo mismo para cada uno de nosotros que ha recibido el regalo del Espíritu Santo que habita en nuestro interior.

Cuando cooperamos con el Espíritu, Él puede fluir de nosotros libremente, influenciando cada habitación donde entramos, cada situación a la que prestamos nuestra atención. Este es el carácter de la vida de alguien lleno del Espíritu Santo. Esta es la vida de ministerio, porque en el ministerio realmente estamos liberando la presencia de Dios hacia situaciones quebradas.

> *CUANDO COOPERAMOS CON EL ESPÍRITU, ÉL PUEDE FLUIR DE NOSOTROS LIBREMENTE, INFLUENCIANDO CADA HABITACIÓN DONDE ENTRAMOS, CADA SITUACIÓN A LA QUE PRESTAMOS NUESTRA ATENCIÓN.*

EL RÍO FLUYÓ A TRAVÉS DE LOS APÓSTOLES

El río que fluía a través de Jesús también debería fluir a través de aquellos que lo seguían. Los discípulos, convertidos en apóstoles, fueron los primeros en experimentar esta maravilla. Todavía me asombra la confianza de Pedro. Cuando le habló a un hombre que había sido cojo de nacimiento, sabía que poseía el poder milagroso de Dios que estaba en su interior y estaba a punto de salir de él:

> *Mas Pedro dijo: No tengo plata ni oro, **pero lo que tengo te doy**; en el nombre de Jesucristo de Nazaret, levántate y anda. Y tomándole por la mano derecha le levantó; **y al momento se le afirmaron los pies y tobillos**; y saltando, se puso en pie y anduvo; y entró con ellos en el templo, andando, y saltando, y alabando a Dios.* (Hechos 3:6-8)

Observemos que la liberación de la presencia de Dios, la liberación del milagro, fue declarada u ordenada. Pedro dijo: *En el nombre de Jesucristo de Nazaret, levántate y anda.* El milagro fue activado por la voz.

Los discípulos fueron entrenados en este modo de pensar temprano en su viaje con Jesús. Fue el modelo que Él les dio para todo el ministerio:

> *Y yendo, predicad, diciendo: El reino de los cielos se ha acercado. Sanad enfermos, limpiad leprosos, resucitad muertos, echad fuera demonios; de gracia recibisteis, dad de gracia.* (Mateo 10:7-8)

"De gracia recibisteis, dad de gracia". ¿Qué has recibido? A *Él*. El Espíritu Santo.

CUATRO MANERAS DE LIBERAR LA PRESENCIA DE DIOS EN UNA SITUACIÓN

Hay probablemente incontables maneras de liberar la presencia de Dios en una situación, pero conozco cuatro principales; sin embargo, diré una vez más que nunca estamos colocados en una posición en la que controlamos o dirigimos a Dios. Como le recuerdo siempre a la gente, Él no trabaja para mí; yo trabajo para Él. Y no limitemos nunca las maneras en las que Dios puede actuar en nuestras vidas o en las vidas de otras personas, sino estemos continuamente abiertos a la dirección del Espíritu.

1. LA PALABRA HABLADA

La presencia de Dios es liberada en una situación siempre que decimos lo que el Padre está diciendo. Esa fue la experiencia de Jesús y el ejemplo que nos dio, y ha de ser también nuestra experiencia y ejemplo. Una vez más, Jesús dijo: *Las palabras que yo os he hablado son espíritu y son vida* (Juan 6:63). Te recuerdo también esta afirmación de Salmos 107:20 (varias traducciones): *Envió su palabra, y los sanó.* El Sanador actúa en una situación por decreto. Vemos suceder eso en el relato del Nuevo Testamento del centurión y su sirviente. La perspectiva que tenía ese soldado de la autoridad, y que describió a Jesús, era notable, especialmente para un romano.

Su comprensión le dio un contexto para tener una mayor fe, a la cual Jesús respondió diciendo que su sirviente fue sanado. Cuando el centurión llegó a su casa, descubrió que su sirviente había sido sanado en el momento en que Jesús dijo que era sanado (ver, por ejemplo, Mateo 8:5-13).

Tal vez estuviste en una situación complicada en la que estabas reunido en una habitación con otros familiares o amigos con temor e incertidumbre. Entonces, alguien entró en esa habitación e hizo una afirmación alentadora, y la atmósfera cambió por completo. Eso no sucedió solamente porque la persona compartió una buena idea. Los conceptos no cambian atmósferas, pero la presencia sí lo hace. Cuando el individuo habló, la presencia del Espíritu de Dios fue liberada en la habitación, y tu perspectiva sobre la situación fue transformada. Una palabra hablada para dar aliento en algunas ocasiones lleva la presencia de Dios a una situación quebrada. Aprender a entregarnos al corazón y la mente de Dios es el único modo seguro de descubrir cómo ser portadores fieles de esta responsabilidad que Dios nos ha dado.

2. TOQUE

La Biblia nos enseña sobre la imposición de manos para diversos tipos de necesidades espirituales. En algunas ocasiones, es el método que Dios utiliza para ordenar a alguien en el ministerio. Por ejemplo, Moisés impartió parte de su autoridad a Josué (ver Números 27:17-22). La palabra literal para el término hebreo traducido como "autoridad" en Números 27:20 es "majestad". Incluso más que eso, "se refiere a cualquier cosa o todo aquel que es majestuosamente glorioso".[22] Moisés dio a Josué parte de la majestad que Dios había colocado sobre él para que pudiera dirigir al pueblo de Dios de una manera sobrenatural como sucesor de Moisés. En el Nuevo Testamento, el apóstol Pablo y otros líderes de la iglesia ordenaron a Timoteo para el servicio "con la imposición de las manos" (1 Timoteo 4:14). Se impartieron dones que él era responsable de mantener. La tarea de Señor para Timoteo se convirtió en mantener esos dones activos y en desarrollo constante. Las indicaciones que le dio Pablo, como "ocúpate en estas cosas; permanece en ellas, para que tu aprovechamiento sea manifiesto a todos"

---

22. *NKJV Spirit-Filled Life Bible*, p. 606.

(1 Timoteo 4:15), revelan la responsabilidad de Timoteo de administrar lo que se le había dado mediante el ministerio de los líderes de la iglesia.

La imposición de manos es además un modo práctico de impartir sanidad. Jesús dijo de quienes creen en Él: *Sobre los enfermos pondrán sus manos, y sanarán* (Marcos 16:18). Tocar en el nombre de Jesús es algo más que un acto simbólico. Mediante la imposición de manos impartimos lo que realmente tenemos para dar: la presencia del Espíritu Santo.

Hay también ejemplos bíblicos en los que vemos que alguien que buscaba sanidad tocó a Jesús en lugar de que fuera Él mismo quien tocara a la persona. Esto ocurrió no solo con la mujer que tenía el flujo de sangre sino también con otros que tocaron el borde del manto de Jesús (ver Mateo 14:34-36; Marcos 6:56). Además, personas fueron sanadas o liberadas después de tocar ropa que el apóstol Pablo había llevado puesta (ver Hechos 19:11-12). Repito que tocar la ropa de Jesús o de Pablo era mucho más que un acto simbólico. El Espíritu de Dios con frecuencia saturará una tela, de modo similar a cuando una tela es empapada en un río natural. La unción de milagros que hay sobre la vida de una persona puede recibirse por un simple toque de la ropa en un acto de fe. Cada toque da a las personas acceso a una medida de presencia que está en la tela porque fue tocada por una persona ungida.

Tal vez el ejemplo más extremo de este fenómeno es cuando los apóstoles imponían manos sobre personas que entonces eran bautizadas en el Espíritu Santo (ver, por ejemplo, Hechos 8:14-17). Tal encuentro con Dios que marcó para siempre sus vidas con el poder del Espíritu Santo, fue el resultado de un toque. Piénsalo: el poder y la presencia de Dios fueron liberados mediante el toque obediente de otro ser humano. Esto testifica de la grandeza de Dios, no de la grandeza de ningún individuo. Al final, todas estas expresiones son por la gracia de Dios.

3. UN ACTO PROFÉTICO

Los actos proféticos se encuentran a lo largo de la Escritura, pero muchas veces se pasan por alto o se consideran fortuitos. *Acto profético* no es un término bíblico. Es simplemente una descripción para ayudarnos a identificar algo mediante lo cual Dios fluye. Es un acto en lo natural que libera algo en lo espiritual; y casi nunca está conectado lógicamente con el resultado esperado. En 2 Reyes encontramos un ejemplo de un acto profético en un incidente que involucraba a Eliseo y los hijos de los profetas. Eliseo había acompañado a los otros profetas mientras cortaban árboles para construir un lugar donde todos ellos pudieran vivir. La cabeza del hacha que uno de los profetas estaba utilizando se le soltó y se cayó al río Jordán que estaba al lado. *Se perdió.* Este hijo de los profetas estaba particularmente inquieto por lo que sucedió porque el hacha era prestada. El deseo en esta ilustración era recuperar el hacha. El profeta apeló a Eliseo, quien le preguntó dónde había caído el hacha, y entonces cortó una rama y la lanzó al agua, después de lo cual el hacha flotó hasta la superficie para que pudieran recuperarla. Tú podrías lanzar ramas de árbol al agua hasta que Jesús regrese y no conseguir nunca que un hacha hundida flote hasta la superficie. Lanzar el palo al agua no hizo que el hacha nadara. Lo que condujo al milagro fue que Eliseo siguió la dirección del Espíritu de Dios en un acto profético (ver 2 Reyes 6:1-7).

Otro gran ejemplo de un acto profético es cuando los israelitas estaban luchando contra los amalecitas, quienes los habían atacado en el desierto. Mientras Moisés mantenía sus brazos levantados, Josué y su ejército iban ganando la batalla; sin embargo, cuando Moisés bajaba sus brazos, ellos iban perdiendo (ver Éxodo 17:8-13). No existe ninguna conexión lógica entre la victoria de un ejército y las manos levantadas de su líder. No nos hace ningún bien imaginar que Dios de algún modo actuará por nosotros porque estemos dispuestos a hacer algo inusual o irrazonable y decir que viene de Él. La obediencia es la clave en nuestra parte de la ecuación. Debemos escuchar lo que Dios nos está diciendo que hagamos y entonces hacerlo.

4. UN ACTO DE FE

Un acto de fe es una acción que ilustra nuestra creencia y confianza en Dios. Contrariamente a un acto profético, está conectado directamente con el resultado deseado. Cuando estábamos ministrando en Weaverville, California, llegó un hombre al teatro de la ciudad donde hacíamos nuestras reuniones los domingos. Ese hombre se había caído desde el porche de su casa y se había lesionado gravemente el tobillo. Había entrado gateando hasta su casa y pidió a su esposa que lo llevara al hospital porque era incapaz de poner ningún peso sobre su pierna sin experimentar un dolor atroz. El teatro estaba de camino al hospital, y el hombre sabía que esa mañana nos reuníamos allí y quería comprobar si Dios lo sanaría, de modo que le pidió a su esposa que se detuviera en ese lugar. Nuestro servicio acababa de terminar, de modo que yo estaba al frente conversando con las personas que partían hacia sus hogares. La esposa del hombre lo llevó hasta el lugar donde yo estaba de pie. Él se bajó del auto, y apoyado sobre una sola pierna se deslizó hasta la puerta del pasajero en el auto y explicó la situación. Yo oré por él al menos dos veces sin ver ningún progreso en absoluto. Entonces, tuve la impresión de que tenía que poner peso lentamente sobre el tobillo lesionado mientras yo oraba una vez más. La idea de causar una lesión mayor a alguien para así poder demostrar su fe era una idea aterradora para mí, pero si el hombre lo hacía con la lentitud suficiente, él mismo podría evaluar la situación. Él estuvo de acuerdo. Cuando volví a orar, él fue poniendo peso lentamente sobre su pie lesionado hasta que fue capaz de estar de pie sin sentir ningún dolor. Fue una gran lección para mí porque vi que él tuvo fe suficiente para acercarse al teatro y confiar en mi sugerencia. Yo vi realmente producirse el milagro a medida que el color y la forma del tobillo iban cambiando y regresando a la normalidad delante de mis propios ojos.

En esta historia podemos ver que la acción estaba conectada al resultado deseado. El hombre quería ser sanado para así poder caminar sin dolor. Poner peso lentamente sobre su pie fue un acto de fe que liberó el milagro.

He visto suceder eso muchas veces a lo largo de los años, con personas con el coxis roto que se sentaban firmemente sobre su silla, quienes tenían espolones óseos en sus talones golpeaban el suelo con sus pies, y quienes no podían caminar salían corriendo sin sentir dolor. En la acción, el milagro es liberado. Jesús alentó los actos de fe con afirmaciones como: *Levántate, toma tu lecho, y anda* (Juan 5:8) y *Ve a lavarte en el estanque de Siloé* (Juan 9:7, varias traducciones). Los actos de fe liberan la mano de Dios de maneras hermosas.

Tenemos que advertir a las personas siempre que piensan que sus actos de fe se ganan el milagro. Quienes tienen esta mentalidad hacen con frecuencia cosas necias intentando demostrar su fe, y por lo general termina en desastre. Yo solo le daré a alguien una indicación con riesgo cuando siento que viene de la presencia de Dios, no solo como un principio bíblico. Sé que puede parecer erróneo, pero piensa en lo siguiente: una viuda en tiempos de Elías recibió la indicación de cocinar su última comida y dársela al profeta. Su obediencia abrió las ventanas de los cielos para ella, y vivió en la bendición de la abundancia después de su acto de fe (ver 1 Reyes 17:8-16). Sin embargo, sería erróneo por mi parte ir al pueblo de Dios y requerir que vacíen sus cuentas bancarias y las donen al ministerio, o hacer otras acciones similares, solamente porque el principio está en la Escritura. Está en la Biblia, sin duda, pero yo nunca pondré a otra persona en riesgo por un principio. Tal indicación debe provenir de la presencia de Dios, el Espíritu Santo, y entonces debemos obedecer.

En este contexto, es imposible separar un acto de fe de la obediencia. Eso libera el milagro.

Cada una de estas cuatro acciones libera el poder y la presencia de Dios en una situación. Cuando Él interviene, obra maravillas, y sus obras siempre son de naturaleza redentora.

EL FLUIR DEL ESPÍRITU SANTO

Muchas veces he oído a maravillosos hombres y mujeres de Dios hablar sobre el fluir del Espíritu Santo. Es una manera brillante de describir su experiencia del Río que está en ellos. Aprender a reconocerlo a Él y cooperar con Él es uno de los grandes momentos o privilegios en la vida. Caemos en el error y metemos la pata cuando pensamos que podemos controlar o dirigir sus actividades, como si nosotros estuviéramos a cargo. El Espíritu Santo no puede ser controlado por nosotros; sin embargo, como he expresado a lo largo de este libro, un fracaso igualmente inquietante es alejarnos de una posición que nos permite ser usados por Dios y ayudar a producir los deseos de su corazón: milagros, señales y maravillas. Descalificarnos a nosotros mismos de aquello para lo cual Él nos ha calificado es una de las expresiones supremas de obstinación y arrogancia. Las victorias espirituales suceden a través de aquellos que obedecen su voz. Y quienes oyen su voz lo bastante bien para obedecerla son, por lo general, quienes creen que esas victorias son deseo de Él desde un principio y buscan su rostro para que se produzcan. Generalmente son quienes están dispuestos a correr cualquier riesgo que sea necesario para ver que la voluntad de Dios se manifieste en la tierra como en el cielo. Otro modo de decirlo es que meramente una *disposición* a oír y obedecer el mandato de Dios no es suficiente. Eso coloca la responsabilidad totalmente sobre los hombros de Dios para que haga algo que Él ya ha revelado en la Escritura que es su voluntad. En mi experiencia, poder oír su mandato es con frecuencia el resultado de buscar su rostro para obtener una mayor medida de victoria. Por lo general, es mucho más que buscar a Dios para una situación específica, aunque eso sin duda sería apropiado. Generalmente es el resultado de buscar a Dios para una mayor demostración de quién es Él, cómo es, y lo que Él desea a través de la vida del que busca su rostro.

Como mencioné anteriormente en este capítulo, la experiencia de Pedro con el hombre cojo de nacimiento fue notable. Cuando Juan y él caminaban hacia el templo para orar, vieron a este hombre que pedía dinero. Pedro le dijo al hombre que los mirara, y entonces fijó su mirada sobre él. *Mas Pedro dijo: No tengo plata ni oro, pero lo que tengo te doy; en el nombre de Jesucristo de Nazaret, levántate y anda* (Hechos 3:6).

Es el mismo concepto que se encuentra en la vida de Jesús, quien actuaba mediante el poder del Espíritu. Pedro no tenía lo que el hombre estaba pidiendo, pero sí tenía lo que el hombre necesitaba y que ciertamente habría pedido si pensara que estaba disponible o era posible: sanidad. Como resultado de que Pedro liberó lo que poseía, que era la presencia del Espíritu Santo, el hombre cojo caminó. Pedro liberó esta Presencia mediante el decreto: "Levántate y anda".

Por lo tanto, ¿cómo permites que el Espíritu Santo fluya desde ti? Muévete en fe lo mejor que sepas, y hazlo desde un lugar de compasión. Eso creará un estilo de vida en el cual, cada vez más, verás que Él fluye desde ti hacia otros.

De algún modo, solamente vivir con una consciencia de Él es por lo menos la mitad de la batalla. Fe y compasión vienen del Espíritu Santo, de modo que vivir con una consciencia de Él nos posiciona para las victorias que anhelamos.

MI RELACIÓN CON EL
ESPÍRITU SANTO

Este probablemente es el capítulo más intimidante que he escrito nunca. No estoy exactamente seguro del motivo. Siento que mis ojos están llorosos al embarcarme en esta parte final de este libro. Aquí describiré la aventura única en la vida, y es mi oración que también tú experimentes una relación más plena con el Espíritu.

TEMEROSAMENTE MARAVILLOSO

¿Quién es el Espíritu Santo, y cómo es? Temerosamente maravilloso, en todos los aspectos posibles.

Puedo sentir el clamor apasionado de David en Salmos 51:11 cuando dice: *Y no quites de mí tu santo Espíritu*. No se me ocurre una idea más aterradora, una experiencia más horrible, que si el Espíritu Santo es quitado de nuestras vidas. Tal vez, para mí, este pensamiento tan inquietante fue apoyado por los videos que vi de la evangelista de sanidad Kathryn Kuhlman cuando, llorando, expresaba su dependencia absoluta del Espíritu Santo y hablaba del día en que ella se entregó por completo. Dijo que podía llevarnos al lugar y el momento cuando le entregó todo a Él. Creo que oír eso me marcó más de lo que podría haber pensado en ese momento. Sé que el Espíritu Santo es el más dulce y delicado de todos los temas y, sin embargo, Él no es un tema. Es una Persona que sostiene toda la vida convirtiéndola en una ilustración significativa y gloriosa de la belleza y la naturaleza de Dios. Él es Dios con nosotros.

Cuando comprendes que Él realmente está en todas partes, es vergonzoso reconocer cuánto de la vida has vivido sin tener consciencia de Él: Aquel que es obvio; especialmente cuando ves que sus huellas nos rodean por todas partes y testifican constantemente de la bondad de Dios, su belleza y maravilla. La recompensa de Juan 15:7 (pedir lo que queramos) es el resultado de vivir con una consciencia de Él y de su voz.

UN RETO INCALCULABLE

Imagina que un multimillonario se acerca a ti y te propone un reto. Él es el dueño de un anillo que tiene engarzado el más extraño y singular de los diamantes, valorizado en cincuenta millones de dólares. El multimillonario te hace esta oferta: tienes que llevar puesto el anillo durante seis meses sin quitártelo nunca. Ni siquiera te lo puedes quitar para ducharte. Si tienes éxito en llevar puesto y cuidar de ese anillo, podrás quedártelo. Si de algún modo lo pierdes, tendrás una deuda con el hombre por la suma de cincuenta millones de dólares. Perderías todo lo que posees. ¿Aceptas el reto? La mayoría de nosotros lo aceptaríamos sin duda.

Pues bien, ahora, si aceptas el reto, déjame hacerte esta pregunta: cuando sales a cenar fuera, ¿eres consciente del anillo? Cuando te duchas, ¿eres consciente de lo que llevas puesto en tu dedo? Cuando asistes a la iglesia, ¿mantienes tu mano en tu bolsillo por mucho tiempo para que la gente no te pregunte por el anillo? Y cuando despiertas en la mañana o sales de una piscina, ¿eres consciente del anillo? La mayoría de las personas responderían: "Sí, sí, sí".

Lo mismo sería cierto de mí. Yo siempre estaría atento a ese anillo extremadamente valioso. No sería capaz de ignorarlo o de olvidarlo. Y dudo de que la novedad se apagara en noventa días o incluso en seis meses. Tal vez cinco años llevando puesto el anillo crearía una familiaridad descuidada con él, pero no seis meses. Sin embargo, tenemos viviendo en nosotros a Aquel que es más valioso, más glorioso y más obvio que toda la riqueza del mundo. Vivir sin ser conscientes de Él es un trágico desperdicio del potencial para la conexión con Dios y la activación del afecto hacia Él.

Por lo general, solamente quienes tienen problemas respiratorios son los que viven conscientes de cada aliento. Hay tanto trabajo para poder respirar, que no pueden evitarlo. Sin embargo, quienes tienen pulmones sanos y respiran con normalidad en pocas ocasiones piensan en aquello que es natural para todos nosotros. Nuestra respiración se produce cada momento de cada día, incluso mientras dormimos. Yo no pienso conscientemente en el hecho de que he estado respirando todo el día y toda la noche y, sin embargo, así ha sido.

De modo similar, la presencia del Espíritu Santo es constante. Él nunca se va; pero es posible —y en realidad es común— que vivamos al alcance de esta Persona y aun así no seamos conscientes de Él. Para mí, mi fortaleza en mi relación con el Espíritu Santo es mi afecto por Él. Si lo considero a Él, su cercanía y su naturaleza, mi corazón arde por Él. Es imposible que lo considere y no muestre ninguna respuesta hacia Él. Me aterraría pensar que podría pasar tanto tiempo sin reconocerlo a Él, que podría pensar en su cercanía y no ser movido por ella.

El Hermano Lawrence escribió el clásico La práctica de la presencia de Dios. En este libro describe su viaje para vivir con una consciencia de la presencia del Espíritu Santo cada momento de cada día. Y aunque él mismo admitió que nunca alcanzó la perfección en esta área, sí que mejoró en ella constantemente. Al final llegó al lugar donde ser consciente de Él mientras limpiaba ollas y sartenes era un encuentro y una comunión con Dios tan profundos como cuando estaba en la capilla orando.

INCONSCIENTEMENTE CONSCIENTE

Despertar a la realidad de que la presencia del Dios todopoderoso no solo está con nosotros siempre sino que también habita en nosotros, marca nuestra consciencia de un modo que lo cambia todo en nuestras vidas.

Yo soy un administrador de muchas cosas: familia, amistades, dones, perspectivas, oportunidades, favor, y cerca de otras mil cosas. Cada área debe ser cultivada con reverencia a Dios y para su gloria, pero no hay mayor tarea que la de ser administrador de Dios mismo. Él se entregó a nosotros como una herencia. Él es el anillo de cincuenta millones de dólares con el que no puedo estar demasiado familiarizado, o perderé mi asombro y respeto por él. Es la maravilla que me permite ver claramente al Dios que está conmigo.

El primer capítulo de Génesis dice que fue "la tarde y la mañana" (v. 5) lo que formó el primer día. Eso significa que nuestro día comienza realmente en la tarde. Y la mayoría de nosotros tendríamos días mejores si tuviéramos tardes y noches mejores.

> **DESPERTAR A LA REALIDAD DE QUE LA PRESENCIA DEL DIOS TODOPODEROSO NO SOLO ESTÁ CON NOSOTROS SIEMPRE SINO QUE TAMBIÉN HABITA EN NOSOTROS, MARCA NUESTRA CONSCIENCIA DE UN MODO QUE LO CAMBIA TODO EN NUESTRAS VIDAS.**

Yo comienzo y termino mi día leyendo la Biblia. Tras leerla en la noche, me tumbo en la cama y dirijo el afecto de mi corazón hacia el Espíritu Santo. No es un momento en el que quiero cantar cantos de alabanza o interceder por las naciones. Quiero dormir; pero quiero dormir *en el abrazo del Espíritu de Dios*. Es un momento sencillo cuando vivo con una consciencia de Él y permito que eso sea el ancla de mi alma. El Espíritu Santo es tan amoroso, que responde muy rápidamente a los afectos de mi corazón por Él. Su cercanía es demasiado maravillosa para pasarla por alto y vivir sin ser consciente de ella. Si despierto en la noche, intento reactivar mi consciencia de Él y una vez más entro en el abrazo de la presencia del Espíritu de Dios. Es un estilo de vida que es posible y sobrepasa cualquier otra opción para vivir.

Salomón dijo: *Yo dormía, pero mi corazón velaba* (Cantar de los Cantares 5:2). El hombre espiritual está siempre despierto y preparado para tener comunión con Dios, incluso mientras nuestro cuerpo físico duerme. Ese es un estado natural para el creyente.

RESPONDER AL AUTOR

El Espíritu Santo inspiró las Escrituras. Fueron "sopladas por Dios", como algunas versiones de la Biblia traducen 2 Timoteo 3:16. Esa es la descripción perfecta, porque puedo sentir la vida de Dios saltar de las páginas de la Biblia mientras leo. La Biblia es el único libro en el mundo cuyo Autor aparece cada vez que la leemos.

Leer *con* el Espíritu Santo es el único modo lógico de leer la Biblia. Eso no es lo mismo que decir que entiendo todo lo que leo, ni tampoco que Él está listo para responder a todas mis preguntas. Sin embargo, mi viaje relacional con el Espíritu Santo es un gozo en sí mismo. Está conectado a mi lectura de la Biblia. Él me inspira y me da comprensión de lo que está escrito en ella.

Como dije anteriormente, admitiré que si me siento ansioso, no le oigo bien a Él incluso desde las páginas de la Biblia. Aprender a vivir en paz, lejos del temor, es una lección que sigo aprendiendo, y creo que es una de las lecciones más necesarias para la Iglesia en general.

MANTENER LA PAZ

Proteger mi paz ha sido más desafiante para mí en los tres últimos años que en cualquier otra época de mi vida. Tengo que ser consciente de la paz de su presencia a fin de protegerla; de otro modo, agarraré ofensa, resentimiento, lamento, o cualquiera de los muchos otros enemigos de la paz y *no le daré a la paloma ningún lugar donde reposar.* Cuando me doy cuenta de que estoy sin paz, tengo que volver sobre mis pasos para ver dónde la dejé porque anteriormente la tenía. Es su regalo permanente para mi vida. Cuando pienso en lo que sucedió en mi día, intento encontrar dónde dejé mi paz a cambio de una perspectiva inferior de una situación. Tal vez fue esa llamada telefónica en la que me sentí tan frustrado que agarré una ofensa. Quizá fue cuando miré mi correo electrónico y vi la carta referida a los impuestos. El pánico ocupó el lugar de la paz. O pudo haber sido cuando oí reportes de que un amigo de confianza se había puesto en mi contra y estaba difundiendo rumores sobre mí. El resentimiento o el deseo de venganza no cohabitan con la paz. Siempre que reconozco el momento o el tema que me hizo perder la serenidad, el arrepentimiento es la clave absoluta. Nunca culpo a otra persona de mi descuido. No puedo controlar lo que me hacen, pero puedo controlar mi respuesta a ello. Entonces confieso mi pecado y recupero Su regalo de la paz para mi vida. Es un regalo y no se puede ganar, de modo que lo agarro de donde lo dejé.

APRENDIENDO EL AFECTO

Al mirar atrás a mi vida, tendría que decir que mi compromiso de ministrar a Dios como sacerdote (según Éxodo 19:6 y 1 Pedro 2:9) en acción de gracias, alabanza y adoración, fue uno de los pactos más importantes que he hecho nunca. Fue como respuesta a la enseñanza de mi papá sobre Ezequiel 44:15-31, donde se instruye a los sacerdotes sobre cómo ministrar en el atrio interior (a Dios) y en el atrio exterior (a la gente). Verdaderamente cambió mi vida al darme una comprensión de nuestro diseño original como creyentes del Nuevo Testamento.

En nuestro ministerio hacia Dios, lo atendemos a Él. Dios no es un ególatra que tiene necesidad de nuestra afirmación, pero como siempre nos volvemos semejantes a aquel a quien adoramos, Dios no podría querer nada mejor para nosotros que llegar a ser como Él. Eso es lo que hace el amor: escoge lo mejor. Esto explica por qué Dios busca adoradores y no la adoración en sí.

La presencia de Dios llega poderosamente durante tales tiempos de ministerio. David nos enseñó que Dios habita en las alabanzas de su pueblo (ver Salmos 22:3). Es como si nuestra alabanza se convirtiera en el trono sobre el que Él se sienta. En su presencia es donde aprendemos a recibir, a dar y, sobre todo, a reconocerlo a Él. Una vez más, el Espíritu Santo es realmente Aquel que lidera la adoración verdadera porque quienes adoran a Dios deben adorarlo en espíritu y en verdad (ver Juan 4:23-24).

Aprender los caminos de Dios nos capacita para reconocer a Dios actuando en los diversos e inusuales problemas que encontramos en la vida. Quienes anhelan a Dios lo ven más fácilmente que quienes están esperando a que Él invada su espacio y se manifieste de modo abiertamente obvio. El hambre ve. La fe ve.

El afecto por Dios es una expresión vital, y viene de tener un corazón abierto y ensanchado. *Por el camino de tus mandamientos correré, **cuando ensanches mi corazón*** (Salmos 119:32). Tener un corazón ensanchado es la capacidad siempre creciente de reconocer a Dios con deleite y hacer lo que Él diga. En este lugar de conexión íntima aprendemos los caminos del afecto divino. Somos moldeados por nuestro tiempo en la gloria, que es la presencia manifiesta de Jesús.

En este lugar de afecto se despierta en nosotros una comprensión de las cosas espirituales que con frecuencia se ha mantenido latente durante toda nuestra vida. No es hasta que entramos en los ámbitos de la gloriosa presencia de Dios cuando descubrimos la atmósfera en la que fuimos diseñados para vivir. Nuestro hombre interior la ve con claridad y responde con entrega.

El afecto nos conduce a la *adoración y la admiración*, términos más bíblicos que afecto. La admiración está en el corazón y el alma de la verdadera adoración. Recuerda que una de las palabras griegas para *adoración* significa "besar", lo cual subraya claramente la conexión íntima para la cual nacimos.

Ofrecer adoración y admiración significa ser cautivados por Él. Ascender hasta el monte del Señor con toda la vida entregada. El tiempo se detiene. Los problemas cesan. Nada importa excepto su corazón. Es entrega, rendición, acercarnos más al Señor. Esta es la vida de aquel que ama a Dios.

Las Escrituras nos dicen que "nosotros le amamos a él, porque él nos amó primero" (1 Juan 4:19). Es importante entender que hay solamente un lugar en el universo para encontrar el amor perfecto, y es en el corazón de Dios. Eso implica que puedo entregar solamente lo que he recibido. Por lo tanto, ser un objeto de su amor, y ser consciente de ello, es fundamental para que mi capacidad de afecto se abra. Esta capacidad se activa por el amor y la presencia de Dios. Aprender a arder de afecto por Él nace de un estilo de vida de adoración. Al menos, eso ha sido cierto en mi caso. Por muchos años, acercar mi corazón a Él sin pedir nada sino simplemente amarlo bien, ha sido mi sueño y mi búsqueda.

Cuando hablamos de aprender algo, a menudo pensamos en esquemas, pasos, puntos o principios. Y aunque puede que finalmente yo use tales recursos, mi corazón es donde tiene lugar mi aprendizaje principal. Hay cosas que están siendo revisadas y reorganizadas en mí para poder aprender cómo amar bien a Dios. Estoy siendo entrenado y equipado para esa tarea.

> *OFRECER ADORACIÓN Y ADMIRACIÓN SIGNIFICA SER CAUTIVADOS POR ÉL. ASCENDER HASTA EL MONTE DEL SEÑOR CON TODA LA VIDA ENTREGADA. EL TIEMPO SE DETIENE. LOS PROBLEMAS CESAN. NADA IMPORTA EXCEPTO SU CORAZÓN. ES ENTREGA, RENDICIÓN, ACERCARNOS MÁS AL SEÑOR. ESTA ES LA VIDA DE AQUEL QUE AMA A DIOS.*

AMARLO CON ESPÍRITU, ALMA Y CUERPO

Piensa en lo siguiente: el salmista dijo que su corazón y su carne anhelaban al Dios vivo (ver Salmos 84:2). Observemos lo que se expresa en este versículo: "Mi corazón y mi carne". Es posible que el cuerpo humano (carne) reavive el apetito por el Espíritu Santo con el cual fuimos creados originalmente. No sucede simplemente porque intentemos despertarlo. Eso está por encima del talento o la determinación humanos. Se produce en un ámbito al que solamente podemos entregarnos y rendir nuestro camino.

Ya fuimos diseñados con este potencial en mente. Hay algo transformador acerca de estar en la presencia (la presencia arrolladora) del Espíritu de Dios. No es una compra rápida o cinco minutos cantando "Sublime gracia" lo que produce el cambio. La transformación implica una entrega continuada a la gloria del Todopoderoso. Llega en medidas y dimensiones que deben ser administradas para que haya aumento. Recuerda que el que vayamos "de gloria en gloria" (2 Corintios 3:18) fue la idea y el plan de Dios, y avanzamos hacia un aumento continuo mediante nuestra fidelidad a permanecer en la Presencia.

Además de todo esto, podemos tener nuestros sentidos ejercitados para discernir el bien y el mal. *Pero el alimento sólido es para los que han alcanzado madurez, para los que por el uso tienen los sentidos ejercitados en el discernimiento del bien y del mal* (Hebreos 5:14). "Por el uso". Practicamos conscientemente, con intencionalidad, el aprender de nuestras experiencias continuadas en la vida. Simplemente ser conscientes del potencial de un momento nos capacita para conocer parte de lo que nos habríamos perdido si no entráramos en ese momento y aprendiéramos todo lo posible de él.

¿Cómo se ejercitan las personas para reconocer el dinero falso? Solamente estudiando el dinero real. ¿Cómo nos ejercitamos para discernir el mal? Solamente estudiando lo real y bueno que es Dios. Llegar a estar familiarizados con el Espíritu Santo nos permite reconocer lo que es falso. Y, por favor, entiende esto: son nuestros sentidos naturales los que fueron diseñados para reconocer a Dios: vista, oído, olfato, gusto y tacto. El mundo y la presencia de Dios pueden discernirse mediante estas herramientas naturales. Repito que no se produce tras hacer un curso o leer un libro, sino que se activa solamente en la gloria. Solo se descubre en la entrega que aceptamos cuando caminamos adorando hacia la presencia gloriosa del Espíritu Santo.

DONDE NACE LA SABIDURÍA

Hay quienes dicen que no se puede tener cercanía con Dios y también temerle adecuadamente, una idea que se deriva de una afirmación en 1 Juan 4:18. Sin embargo, esa conclusión es inconsistente con toda la Escritura. Además, quien sacó esa conclusión probablemente nunca se casó. Yo amaba a mi esposa, me deleitaba en ella y tenía mucha cercanía con ella; sin embargo, también tenía un temor saludable de ella, sin querer nunca quebrantar quién era ella o deshonrarla de ninguna manera. Eso me atraía a ella con un amor y un afecto más profundos.

> *El principio de la sabiduría es el temor del Señor; buen juicio demuestran quienes cumplen sus preceptos. ¡Su alabanza permanece para siempre!*   (Salmos 111:10, NVI)

Temer a Dios es el principio de la sabiduría. Temer a Dios significa algo más que el mero respeto por Él; significa reconocer su santidad, su justicia y su poder mientras seguimos viviendo con una consciencia plena de su amor. Vemos en una de las parábolas de Jesús que el hombre que usó mal su talento (suma de dinero) tenía una relación con su señor que estaba basada en una sensación de temor mal colocada:

> *Pero llegando también el que había recibido un talento, dijo: Señor, te conocía que eres hombre duro, que siegas donde no sembraste y recoges donde no esparciste; por lo cual **tuve miedo, y fui y escondí tu talento** en la tierra; aquí tienes lo que es tuyo.*   (Mateo 25:24-25)

Existe un temor malsano que nos aleja de una relación con Dios, y existe un temor que nos acerca tiernamente a Él. El primero es un temor al poder de Dios sin un reconocimiento de su compasión y justicia. El segundo es una comprensión de su naturaleza santa combinada con un conocimiento de su amor, su perdón, y su aceptación en Cristo. Y el segundo es el que conduce a la vida.

La sabiduría es el don clave para reinar en la vida. Cuando reinamos desde la mente de Cristo, eso ilustra la llegada del cielo a la tierra y una libertad al vivir que revela el corazón de un Padre perfecto. El Espíritu Santo es el administrador de tal sabiduría.

¡DIGNO DE NUESTRO SÍ!

Por lo tanto, ¿quién es el Espíritu Santo, y cómo es? Él es Dios. Él es Amigo. Y Él es digno de mi *sí* para vivir con una consciencia continua de su presencia permanente mientras abrazo y medito en todo lo que Él dice. Al hacerlo, tengo el privilegio de colaborar con Él para ver cómo la realidad de su mundo moldea y define todo lo que me rodea.

Sí, Espíritu Santo, ¡sí!

ACERCA DEL AUTOR

Bill Johnson es el pastor principal de la Iglesia Bethel en Redding, California, donde ha ministrado desde 1996, y el cofundador de la Escuela Bethel de Ministerio Sobrenatural (BSSM, por sus siglas en inglés). Pastor de quinta generación, Bill sirve a un número creciente de iglesias que se han asociado para el avivamiento. Esta red apostólica ha cruzado líneas denominacionales para desarrollar relaciones que capaciten a líderes de iglesias para caminar en pureza y poder. Bill es también el popular autor de numerosos libros, entre los que se incluyen *Cuando el cielo invade la tierra* y *La Presencia*. Su prioridad en la vida ha sido aprender a acoger la presencia de Dios y ministrarlo a Él. Tiene una gran pasión por ver que el reino de los cielos invada la tierra en todas las esferas de influencia, mostrando la sabiduría de Dios a través de la Iglesia, el gobierno, la educación y las artes.

Bill viaja extensamente para compartir lo que ha aprendido mediante su experiencia, con la convicción de que la única manera de aumentar lo que ha sido dado es entregándolo.